A ARTE DA BIOGRAFIA

LIRA NETO

A arte da biografia
Como escrever histórias de vida

COMPANHIA DAS LETRAS

Copyright © 2022 by Lira Neto

Grafia atualizada segundo o Acordo Ortográfico da Língua Portuguesa de 1990, que entrou em vigor no Brasil em 2009.

Capa
Felipe Sabatini e Nina Farkas/ Gabinete Gráfico

Preparação
Leny Cordeiro

Índice remissivo
Luciano Marchiori

Revisão
Bonie Santos
Camila Saraiva

Dados Internacionais de Catalogação na Publicação (CIP)
(Câmara Brasileira do Livro, SP, Brasil)

Lira Neto
 A arte da biografia : Como escrever histórias de vida / Lira Neto. — 1ª ed. — São Paulo : Companhia das Letras, 2022.

 ISBN 978-65-5921-354-2

 1. Biografia (Gênero literário) 2. Biografia como forma literária I. Título.

22-128524   CDD-809.93592

Índice para catálogo sistemático:
1. Biografia : Literatura 809.93592
Cibele Maria Dias – Bibliotecária – CRB-8/9427

[2022]
Todos os direitos desta edição reservados à
EDITORA SCHWARCZ S.A.
Rua Bandeira Paulista, 702, cj. 32
04532-002 — São Paulo — SP
Telefone: (11) 3707-3500
www.companhiadasletras.com.br
www.blogdacompanhia.com.br
facebook.com/companhiadasletras
instagram.com/companhiadasletras
twitter.com/cialetras

Para Adriana

Em memória de Demócrito Dummar,
Gilmar de Carvalho e Jerusa Pires Ferreira

Poucos poetas ou romancistas são capazes do alto grau de tensão proporcionado pela realidade. Mas praticamente qualquer biógrafo, se ele respeita os fatos, pode nos proporcionar muito mais do que um fato para adicionar à nossa coleção. Ele pode nos oferecer o fato criativo; o fato fértil; o fato que sugere e gera.

Virginia Woolf

Sumário

Introdução — Como e por que sou biógrafo. 11

1. Breve "biografia" da biografia. 41
2. O que quer e o que pode a biografia?. 61
3. Por onde começar a pesquisa?. 77
4. Senso de detetive, olhar de antropólogo,
   espírito de arqueólogo. 93
5. O leitor não pode cochilar. 107
6. "A narrativa é um cavalo" — e o narrador tem as rédeas. . . 121
7. Quais os limites éticos do biógrafo?. 137

Bibliografia. 155
Notas. 163
Índice remissivo. 177

Introdução

Como e por que sou biógrafo

Há na existência dos escritores fatos comuns, do viver cotidiano, que todavia exercem uma influência notável em seu futuro, e imprimem em suas obras o cunho individual.

José de Alencar

"Você ficou louco?", perguntou-me Demócrito Dummar, diretor-presidente do jornal no qual eu trabalhava havia uma década, em Fortaleza. Ele não conseguia acreditar no pedido de demissão. Parecia insanidade minha largar o bom emprego, renunciar ao salário confortável, prestes a completar quarenta anos. Era idade suficiente para tomar tento, criar juízo, pensar no futuro. "Você bebeu?", insistia Demócrito.

Os colegas também acharam maluquice. Depois de uma trajetória profissional errática, enfim conseguira alguma estabilidade pessoal e financeira. Antes de entrar n'*O Povo*, meu currículo resumia-se ao abandono de duas faculdades, o engavetamento de um diploma de nível médio em topografia e bicos aleatórios: técnico de raio-X, balconista em uma oficina de motocicletas, vendedor de hambúrguer. Afora isso, passagens fortuitas por colégios suburbanos, dando aulas de história, redação e literatura, em troca de poucos caramínguás.

A opinião geral na empresa, portanto, era uma só: eu devia esquecer o desvario. Do contrário, iria desperdiçar uma carreira bem-sucedida como jornalista, iniciada relativamente tarde, aos trinta anos. Começara como revisor, passara a repórter de economia, transferira-me para o caderno de variedades, fora alçado a editor do suplemento semanal de cultura, atuara como assistente da chefia de redação, exercera o mandato de ombudsman e, à época, era coordenador editorial da fundação ligada à casa. Planejava e publicava coleções de livros acadêmicos e jornalísticos, escritos por autores convidados.

O que mais chocou Demócrito — e provocou risinhos sardônicos por parte de alguns colegas — foi o declarado motivo do pedido de demissão. Decidira me tornar escritor profissional. Iria me dedicar a escrever biografias. "Que ótimo, e vai viver de quê?", ironizavam. A ideia de alguém se sustentar como autor de livros soava-lhes absurda. Conferi o saldo desmilinguido da conta bancária, contemplei a cordilheira de boletos a pagar, senti um princípio de vertigem. Mas segui em frente com o plano. "Não estou louco, não bebi", disse a Demócrito.

Ele balançou a cabeça, coçou o queixo largo, cofiou o bigode, ainda tentou ponderar. Por fim, como me mostrei irredutível, deixou escapar um suspiro de consternação e desejou-me boa sorte. As portas estariam sempre abertas, caso me arrependesse da loucura. Agradeci, apertei-lhe a mão, fui esvaziar as gavetas. Ao colocar os pés na rua, senti um misto de alívio, euforia, dúvida e angústia.

"Estou encrencado", concluí.

* * *

Ao largar o emprego em 2001, ressalte-se, já escrevera o primeiro livro, lançado em Fortaleza dois anos antes, com o selo editorial da fundação na qual trabalhava. Edição doméstica, de pequena tiragem; quinhentos exemplares, destinados ao mercado local. A ideia de escrevê-lo surgira por acaso. Em 1994, o jornal noticiara a descoberta de misteriosas ossadas humanas na rua Adriano Martins, em Jacarecanga — bairro outrora aristocrático, mas em notória decadência. Trabalhadores de uma empreiteira, encarregados de abrir valas para a instalação dos dutos do serviço de saneamento, depararam-se com o achado macabro.

OPERÁRIOS ENCONTRAM OSSADAS SOB ASFALTO, dizia a manchete da edição de *O Povo* de 13 de janeiro daquele ano. Ao final da primeira tarde de escavação, foram desenterrados quinze esqueletos. Nos dias seguintes, dezenas de outros. "As ossadas continuam a ser descobertas e estão sendo recolhidas ao Instituto Médico Legal, onde serão analisadas pelos legistas, a fim de que seja possível descobrir, aproximadamente, a data da morte das pessoas ali enterradas", informava-se.[1]

As fotos eram arrepiantes. Os esqueletos estavam intactos, em alguns casos dispostos uns sobre os outros, indício de sepultamento em vala comum. A cada porção de terra removida pelas pás dos trabalhadores, mais ossos e caveiras eram revelados. "A maioria das ossadas estava a sete palmos de profundidade, mas havia também restos em covas rasas, característica daquelas usadas por criminosos para a realização de 'desovas'", conjeturava o jornal.[2]

A hipótese de um cemitério clandestino foi sugerida pela polícia, convocada a investigar o caso. As versões, porém, eram desencontradas. Especulou-se, inclusive, que os mortos seriam presos políticos, desaparecidos na ditadura militar. Moradores mais antigos do bairro, contudo, falavam da existência de uma antiga capela no local, nas adjacências dos sítios e chácaras por ali instalados no início do século xx. Em torno do templo, estabelecera-se pequena necrópole. Mas era intrigante o fato de não haver vestígios de túmulos. Os corpos, tudo indicava, haviam sido sepultados diretamente na terra, sem jazigos e nenhum cuidado de identificação.

O mistério perdurou por cerca de uma semana, até historiadores locais decifrarem o enigma. As ossadas pertenciam às vítimas de uma epidemia de varíola, ocorrida em 1878, na qual morrera um quinto da população de Fortaleza. Em um único dia, 10 de dezembro — o "Dia dos Mil Mortos" —, um total de 1004 cadáveres dera entrada no principal cemitério da cidade, o São João Batista. Padioleiros e coveiros não conseguiram dar cabo do serviço. Dezenas de defuntos, talvez centenas, permaneceram insepultos, espalhados pelas ruas. Para evitar que fossem devorados por cães e urubus, acabaram enterrados nas imediações, em valas improvisadas.

Fiquei terrificado. Como era possível, passado pouco mais de um século de acontecimentos tão traumáticos, a cidade não guardar nenhuma memória do episódio? Como fatos tão espantosos tinham sido varridos da história, a ponto de os jornais, as autoridades e os fortalezenses em geral o desconhecerem por completo?

Atônito pela amnésia coletiva, preparei um número especial do suplemento de cultura, o Sábado — uma edição de seis páginas a respeito das epidemias históricas do Ceará. Como gancho jornalístico para atualizar o tema, além da descoberta das ossadas, havia um surto de dengue a grassar no estado. Um dos consultores do caderno, o historiador Sebastião Rogério Ponte, professor da Universidade Federal do Ceará, sugeriu-me publicar um excerto de um antigo livro, *Varíola e vacinação*, editado em 1904 pelo farmacêutico, sanitarista e escritor Rodolpho Theophilo.

Para mim, Rodolfo Teófilo — assim, com grafia atualizada —

era apenas o nome de um bairro periférico da cidade. Fui à Biblioteca Pública Estadual e, no setor de obras raras, solicitei a consulta ao livro indicado pelo professor. A bibliotecária trouxe-me o pequeno volume, encadernado em capa vermelha. Recomendou-me o uso de luvas e máscara de proteção. Fiquei ainda mais pasmo ao ler aquelas páginas frágeis e amareladas, com a reconstituição minuciosa da tragédia. Só ali soube que Theophilo, além de ter escrito sobre o drama de forma vívida e crua, fora protagonista do enfrentamento à varíola. Contrapondo-se ao negacionismo da então oligarquia estadual, promovera uma campanha de vacinação em massa. Após uma série de perseguições políticas, conquistara a adesão popular e conseguira a consequente erradicação da moléstia no Ceará.

A edição especial do Sábado foi publicada, mas a história não me saiu da cabeça. Comecei a pesquisar outras fontes. Visitei arquivos, consultei jornais antigos, conversei com especialistas. Não demorei a garimpar material, suficiente não apenas para uma grande reportagem histórica, como a princípio planejara, mas para escrever um livro. Movia-me, acima de tudo, o incômodo pelo esquecimento ao qual estavam relegados a catástrofe, o Dia dos Mil Mortos e, em especial, a figura de Rodolpho Theophilo.

Ao dedicar-me à tarefa, decidi pelo gênero biográfico. Não queria escrever uma história impessoal, um relato frio e burocrático a respeito de eventos tão perturbadores. Resolvi pôr em relevo a atuação quixotesca de Theophilo e sua peleja a favor das vacinas.

Munido de colossal ignorância prévia, não sabia que ele fora, além de destacado homem da ciência, presidente de uma das mais originais agremiações literárias brasileiras, a Padaria Espiritual — cujo manifesto galhofeiro antecipara em Fortaleza, em pelo menos duas décadas, o espírito da paulistana Semana de Arte Moderna de 1922. Os "padeiros" — como se autoproclamavam os membros do grupo — diziam-se "inimigos naturais do clero, dos alfaiates e da polícia". "Nenhum padeiro deve perder ocasião de patentear seu desagrado a esta gente", propunha um dos artigos dos estatutos do grêmio. "Será punido com expulsão imediata e sem apelo o padeiro que recitar ao piano", sentenciava outro.[3]

Assim nasceu *O poder e a peste: A vida de Rodolfo Teófilo*, meu primeiro livro. Ao pedir demissão do jornal, ele era a única credencial disponível para me apresentar, a possíveis editores, como aspirante a biógrafo profissional. Obra de estreia, estava recheada de impropriedades e imprecisões, típicas da inexperiência no ofício. De todo modo, mais pelo insólito da história do que pela excelência do texto, garantiu-me alguma visibilidade. Publicada no Ceará, conquistou resenhas generosas em jornais do Rio de Janeiro e de São Paulo.[4] Fui entrevistado em cadeia nacional de televisão, em um pioneiro e popular talk show, o *Jô Soares Onze e Meia*, no SBT. Foi preciso fazer às pressas uma segunda edição, de mais quinhentos exemplares. Para um acanhado jornalista de província, era a glória.

Mas resposta ainda mais gratificante recebi por parte de certa leitora, em e-mail no qual dizia ter gostado bastante do livro. Era uma mensagem pequena, mas tão bem escrita que fiquei curioso por conhecer quem a escrevera. Reconheci, na assinatura, o nome de uma jovem jornalista do concorrente *Diário do Nordeste*: Adriana Negreiros. Como ela estava de partida da cidade, pois fora aceita para cursar mestrado em ciência política na Universidade de Brasília (UnB), combinamos um almoço no meio da semana.

Ela adiou os planos do mestrado e estamos juntos até hoje, vinte anos depois. Temos duas filhas — além de dois gatos e uma cadela — e dividimos o mesmo escritório, no qual escrevo meus livros, e Adriana, os dela. Foi paixão à primeira linha.

* * *

Sempre admirei o trabalho de Fernando Morais, um dos principais responsáveis, ao lado de Ruy Castro, pela modernização do gênero biográfico no Brasil, a partir da década de 1980. Muito antes deles, no século XIX, o Instituto Histórico e Geográfico Brasileiro pretendeu organizar um panteão de "brasileiros ilustres pelas ciências, letras, armas e virtudes". Em meados do século XX, destacaram-se iniciativas pontuais, como a dos jornalistas Raimundo de Magalhães Jr., autor de biografias literárias, e Edgard Cavalheiro, que escreveu sobre a trajetória pessoal e profissional de Monteiro Lobato. A uma lista sintética, podem-se acrescentar os nomes de Otávio Tarquínio de Sousa, biógrafo de Pedro I, Diogo Antônio Feijó e José Bonifácio, entre outros; Glauco Carneiro, biógrafo do revolucionário Siqueira Campos, e Luís Viana Filho, autor das biografias de Rui Barbosa e Joaquim Nabuco.

Em 1981, o jornalista Alberto Dines publicou *Morte no paraíso: A tragédia de Stefan Zweig*, que impôs novo padrão de qualidade ao gênero no país. Mas Fernando Morais e Ruy Castro impuseram ainda mais vigor ao gênero. De Fernando, eu lera, com entusiasmo, *Chatô* (Companhia das Letras, 1994), a biografia de Assis Chateaubriand, magnata da imprensa nacional, fundador dos Diários Associados. Entrevistara o autor, por telefone, para uma das edições monográficas do Sábado, sobre jornalismo e poder — a cada semana, o caderno trazia um único tema e uma entrevista especial, publicada na última página.

Fora até ali nosso único contato. Fiquei surpreso — e quase incrédulo — quando ele me procurou com o convite para ser um de seus assistentes de pesquisa em um livro intitulado *O século esquecido*. O projeto consistia em reconstituir a história do país ao longo do século XX, a partir dos bastidores e de personagens considerados secundários, que não estiveram no centro da cena pública. Uma das personalidades escolhidas era o médico e deputado Floro Bartolomeu, alter ego do líder político e religioso Padre Cícero.

Porque eu publicara a biografia de Theophilo — na qual Padre Cícero aparecia em alguns capítulos, como antagonista —, Fernando me considerou apto a auxiliá-lo no Ceará. Trabalhei alguns meses no rastro de Floro (outro de quem, mais uma vez admito, jamais ouvira falar), guiado pelas pautas sugeridas pelo tino jornalístico de Fernando Morais. O livro em questão jamais seria publicado, mas a experiência foi decisiva para mim.

Ao escrever a biografia de Rodolpho Theophilo, meu texto ainda se permitia algumas liberdades estilísticas, com certas veleidades literárias e alguns recursos narrativos que resvalavam no universo da ficção. A pesquisa em torno de Floro Bartolomeu levou-me à descoberta da personalidade contraditória de Cícero, bem como à busca por uma melhor compreensão do universo mental sertanejo. Mas, em especial, iniciou-me na aprendizagem de métodos de pesquisa e no manejo rigoroso das fontes documentais. Convenci-me de que a realidade é mais surpreendente do que qualquer tentativa de romantizá-la. "Há muito acredito que o realismo é fantástico", dizia Gay Talese, um dos expoentes da escrita de não ficção.[5]

Digo escrita de não ficção — e não "jornalismo literário", como muitos preferem. Ao se justapor o adjetivo "literário", supostamente nobre, ao substantivo comum "jornalismo", talvez se pretenda conferir maior distinção ao texto jornalístico. Bobagem. O bom jornalismo dispensa penduricalhos semânticos. Em feiras do livro, entrevistas à imprensa e ao final de palestras, costumam me perguntar se não alimento o plano secreto de escrever ficção, produzir um grande romance — como se essa fosse a meta ambicionada por qualquer um que se dedique ao ofício da escrita. "Não", respondo.

Admiro os grandes mestres da literatura — sobretudo Graciliano Ramos, Machado de Assis e Guimarães Rosa, entre os brasileiros; Dostoiévski, Kafka e Beckett, entre os estrangeiros. Mas não ambiciono nem ouso querer escrever como eles. Minhas referências e fontes inspiradoras são outras — e vêm todas do jornalismo, da semiótica ou da história. Ao longo deste livro, aqui e ali, sempre irei me referir a elas. Por enquanto, basta dizer que não considero a não ficção um tipo menor de escrita. Ao querer fazer literatura, no mais das vezes, o jornalista termina por cometer literatices.

O segundo livro, *Castello: A marcha para a ditadura*, publicado em 2004 pela editora paulista Contexto, já trazia as marcas dessa convicção. Nele, não havia mais o impulso de recorrer a licenças poéticas duvidosas. Ainda persistia alguma displicência e insegurança de estilo, em especial no abuso de frases feitas e lugares-comuns — extirpados por mim na reedição, quinze anos depois, pela Companhia das Letras. Comecei a escrevê-lo em Salvador, três anos antes do lançamento da edição original. Adriana fora convidada a assumir a sucursal da *Veja* na capital baiana. Desempregado, acompanhei-a, decidido a arriscar tudo na carreira de escritor profissional. Por algum tempo, vivemos do salário dela e da queima gradativa — e alarmante — de minhas parcas reservas financeiras.

Trabalhei para a publicação da biografia do marechal Humberto de Alencar Castello Branco coincidir, à risca, com o aniversário de quarenta anos do golpe que o guindara ao poder. A efeméride, conforme previra, ajudou a convencer o editor a publicar a obra e, em seguida, a divulgação dela. Contribuiu ainda para o livro ser citado em inúmeras matérias jornalísticas relativas à data, nos principais jornais do país. A tiragem estipulada pelo departamento comercial da editora, 5 mil exemplares, razoável para o trabalho de um autor ainda desconhecido, vendeu-se ao longo de um ano. Um bom resultado, mas não o suficiente para me garantir viver de direitos autorais.

Precisei, durante determinado período, proceder a correções emergenciais de rota e arranjar emprego fixo. Por curtas temporadas, voltei a trabalhar como editor de livros, dessa vez em São Paulo — para onde nos mudamos, depois de Adriana ser transferida para a sede da editora Abril —, e com comunicação governamental, em um breve e provisório retorno ao Ceará. Tão logo pude, retomei o plano e, enquanto fazia trabalhos freelance para jornais e revistas paulistas — entrevistas, perfis, artigos, reportagens —, iniciei a pesquisa para mais um livro, a biografia do romancista José de Alencar.

Era, a essa altura, um caminho sem volta. Os veículos de comunicação estavam diminuindo o tamanho das redações, demitindo jornalistas mais experientes — leia-se, de maior salário — e contratando jovens, para cortar custos. Com a minha idade, seria difícil encontrar um emprego decente, nesse cenário, na capital paulista. À noite, eu fechava os olhos e ouvia Demócrito perguntar: "Você enlouqueceu?".

Na adolescência, odiava José de Alencar. Forçado a ler *Ubirajara* e *O sertanejo* no colégio, não conseguira extrair nada daquelas narrativas morosas, de contexto complexo e vocabulário arcaico, em tudo inacessíveis para mim. Muitos adolescentes são submetidos a idêntica tortura, nas escolas do mundo inteiro. Exige-se a leitura de obras alheias aos interesses típicos da idade. Depois os professores reclamam pelo fato de os alunos, expostos ao suplício, seguirem o resto da vida querendo distância dos livros.

Felizmente, pude fazer as pazes com José de Alencar, muito

mais tarde, ao ler suas crônicas de jornal. Descobri um Alencar cáustico, polemista, de humor voraz — bem diferente do autor apresentado a mim no colégio. Impressionou-me o fato de ter tomado para si o propósito de construir uma literatura e um teatro genuinamente brasileiros. "O povo que chupa o caju, a manga, o cambucá e a jabuticaba pode falar uma língua com igual pronúncia e o mesmo espírito do povo que sorve o figo, a pera, o damasco e a nêspera?", ele perguntava, na campanha a favor de uma arte nacional.

Se, na juventude, os professores houvessem me apresentado apenas aquela frase de Alencar e proposto um debate em sala de aula em torno da questão — em vez de me empurrar seus romances inteiros —, teriam conseguido conquistar meu interesse de modo eficaz e instantâneo. Realcei essa faceta irrequieta do romancista em *O inimigo do rei: Uma biografia de José de Alencar — ou a mirabolante aventura de um romancista que colecionava desafetos, azucrinava d. Pedro II e acabou inventando o Brasil*.

Na capa, desenhada por Ettore Bottini, uma caricatura de época mostrava Alencar mexendo em um vespeiro. O longo subtítulo simulava os títulos dos folhetins do século XIX. No texto, procurei mimetizar o tom mordaz do biografado em seus escritos de combate. Pretendi aproximar os leitores dos calões da vida mundana do Império, bem como ironizar o léxico afetado do entourage imperial, alvos preferenciais das crônicas alencarinas.

Publicado o livro, um dos principais críticos literários do país, Wilson Martins, autor da monumental *História da inteligência brasileira*, acusou-me de ter sido desrespeitoso para com a "sacralidade da pessoa imperial e a seriedade do romancista". "Obra deliberadamente popularesca e até vulgar no estilo narrativo, a começar pelo título e pela capa", definiu Martins.[6] Popularesco e vulgar. Uma crítica que o próprio Alencar ouvira, praticamente com as mesmas palavras, por parte dos escandalizados com suas ousadias e malcriações verbais.

O veredicto negativo não impediu *O inimigo do rei* de me valer o primeiro Jabuti — a mais tradicional premiação do mercado editorial brasileiro — na categoria de melhor biografia do ano. Quem também fez ressalvas ao livro, mas em particular, sem tornar a queixa pública, foi Fernando Morais. Ele não aprovou a ideia de uma biografia escrita por um jornalista trazer notas ao final. Considerava aquilo um cacoete acadêmico imperdoável. "Seu livro vai ter notas, como se fosse uma dissertação de mestrado, uma tese de doutorado?", questionou-me.

Sim, a obra traria notas, centenas delas. Além de livros raros e fora de catálogo, a pesquisa se amparara em uma infinidade de documentos novecentistas: manuscritos literários, despachos oficiais, anais parlamentares, decretos imperiais, relatórios de governo, processos judiciais, cartas particulares, panfletos políticos, ilustrações satíricas, jornais de época. O grande esforço fora organizar e dar sentido àquela papelada, colhida em arquivos públicos e privados, para costurá-la em uma narrativa o mais fluida e colorida possível. Por uma questão de honestidade intelectual, e para chamar a atenção dos leitores em relação ao puzzle de fontes, as notas se faziam absolutamente necessárias.

Até hoje não sei se Fernando ficou convencido do argumento. Mas, com *O inimigo do rei*, aprendi mais algumas lições a respeito da escrita de não ficção (embora, infelizmente, não tenha incorporado todas elas à minha prática de imediato). A primeira delas — desrespeitada nos dois livros subsequentes, por pura turrice — é que as notas de referência às fontes são imprescindíveis. Além de conferirem autoridade à pesquisa e referendarem as informações contidas no texto, servem de mapa para eventuais leitores interessados em se aprofundar por sendas paralelas.

Poupo-me, porém, de notas explicativas, no rodapé ou ao

final do livro, para esclarecer ou acrescentar informações que, por acaso, o autor não tenha sido competente o bastante para encaixar no corpo do texto. Nesse caso, sim, estamos falando de recurso acadêmico, a ser evitado pelo escritor de biografias. Não escrevemos livros para exibir erudição a uma banca de notáveis, mas para um público heterogêneo, ávido de informação e fluência, conhecimento e prazer, a um só tempo e na mesma medida.

O inimigo do rei me trouxe outro ensinamento — este, nunca mais desatendido. Cada biografado exige um tom específico de narrativa. O biógrafo é o autor, mas o narrador pode ser outro a cada novo livro. A época, o cenário, o contexto e a forma como se quer contar a história determinam a tonalidade, a coloração, o estilo e o ritmo da escrita. Uma de minhas primeiras preocupações ao planejar um livro é saber qual "música" será trabalhada no encadeamento das palavras, frases, parágrafos, capítulos.

Voltarei mais tarde a esse ponto, para detalhá-lo e ilustrá-lo em momento oportuno. Mas adianto: se aquela biografia de Alencar tem algum mérito, este reside exatamente naquilo que Martins criticou — a busca por uma dicção singular, capaz de revelar aos leitores os modos de pensar, falar, agir e viver dos personagens.

Estávamos quebrados. O salário de Adriana e os meus trabalhos como freelance, somados, não bastavam para honrar as dívidas acumuladas. Aluguel e condomínio viviam atrasados; a prestação do carro, idem. As despesas aumentaram com a chegada de nossa primeira filha, Emilia.

Eu trabalhava no quartinho dos fundos, cubículo sem janelas, convertido em arremedo de escritório. Isso bem ao lado da lavanderia, onde a velha lava-roupas rimbombava como um motor enfurecido de helicóptero. Por medida de economia, deixara até mesmo de cortar o cabelo. Chamado para uma entrevista na

Globonews, apareci na tevê com atroz cabeleira, um matagal no alto da testa, fios fazendo ondinha abaixo da linha da nuca.

Já estava nos capítulos finais de *O inimigo do rei*, mas ainda não encontrara editor para o livro. Mais uma vez, uma conversa com Fernando Morais, durante um café em seu escritório, me abriu caminhos. Fernando sabia que eu andava perto de concluir o trabalho. Como todo mundo costuma fazer a qualquer escritor nessa situação, perguntou-me se por acaso já decidira qual viria a ser o próximo biografado. Comentei, meio ao acaso, acalentar a ideia de escrever, daquela vez, sobre a vida de uma mulher.

"Mas não pode ser uma mulher qualquer", ressalvei. "Tem de ser alguém da pá virada, de espírito transgressivo, contestatório."

No rol de possíveis biografadas — entre as quais foram citadas a atriz Leila Diniz, a escritora Patrícia Galvão e a cartunista Nair de Teffé —, incluí o nome da cantora Maysa. Conto essa história, de forma detalhada, no prefácio à segunda edição de *Maysa: Só numa multidão de amores*, publicada em 2017 pela Companhia das Letras, exatos dez anos após a edição original, pela editora Globo, em 2007. Em resumo, foi Fernando quem me aproximou do filho da artista, o diretor de cinema e tevê Jayme Monjardim — que anos antes comprara os direitos de adaptação de *Olga*, um dos livros do mestre e, agora, amigo.

Jayme, contratado da TV Globo, sugeriu a publicação da futura biografia pela editora ligada ao grupo de comunicação da família Marinho. Aceitei, é claro. Saí da reunião com os editores da casa — João Noro, Joaci Pereira Furtado e Marcelo Ferroni — com a perspectiva de dois contratos de edição simultâneos. Ao ouvirem a informação de outro livro praticamente pronto, a biografia de José de Alencar, interessaram-se em ler os originais. Poucos meses depois, no início de 2006, saiu *O inimigo do rei*. Após um ano, *Maysa*.

Enquanto isso, a situação financeira não abrandara. Fui convidado a fazer o lançamento da biografia de Alencar no majestoso teatro que ostenta o nome dele, em Fortaleza. A organização do evento pagou-me passagens áreas e hospedagem em um luxuoso hotel à beira-mar. Porém, eu mal tinha dinheiro para pegar um táxi da praia de Iracema ao Theatro José de Alencar, onde concederia uma entrevista, pela manhã, para a afiliada da Globo.

Perguntei aos motoristas que faziam ponto diante do hotel por quanto sairia, aproximadamente, uma corrida até o centro da cidade. Ao saber o valor, dei bom-dia, atravessei a avenida e, no calçadão em frente à praia, com a moral em frangalhos, subi na garupa de um mototaxista. Enfiei a cabeça no capacete ensebado e saímos em disparada pelas ruas de Fortaleza. A motocicleta resfolegava e fumaçava horrores.

À noite, para ir ao lançamento no teatro — com direito a discurso solene do governador e coquetel nos jardins planejados por Burle Marx —, não precisei de mototáxi. Um carro contratado pela produção foi me apanhar no hotel. Na fila de autógrafos, identifiquei uma querida amiga dos tempos de faculdade. Ela me abraçou, elogiou-me o blazer — o único que possuía, comprado em dez parcelas — e recordou quando, no intervalo das aulas, fazíamos vaquinha entre os colegas para beber uma cerveja no boteco da esquina.

"Mas agora você é um escritor famoso, deve estar nadando em dinheiro", comentou. Pigarreei, mudei de assunto e quis saber se ela estava gostando do vinho branco servido pelos garçons. "Aproveite, porque hoje é por minha conta", brinquei.

Depois do lançamento em Fortaleza, voltei para São Paulo e para a labuta no quartinho ao lado da lava-roupas. Logo precisei ir ao Rio de Janeiro, para fazer um "freela". Uma revista de celebridades, a *Contigo*, para quem eu andava escrevendo textos esparsos, me pedira um perfil de Ivete Sangalo. A assessoria da cantora marcou a entrevista no tradicional Hotel Glória. Como o lugar era perto do aeroporto Santos Dumont, evitei o táxi e segui a pé cerca de um quilômetro e meio até o local. O editor, o amigo Edson Rossi, que sempre me socorria com encomendas de trabalho nos momentos de maior pindaíba, incluíra na pauta uma questão sobre o patrimônio de Ivete. "Pergunte se ela já está biliardária", recomendou-me.

Perguntei. Tenho aqui uma cópia da matéria. Eis a resposta de Ivete: "Se estou milionária? Bem, não vou lhe dizer quanto é meu cachê, senão você vai comparar com seu salário de jornalista, aí vai ficar fulo da vida comigo e largar esta entrevista antes de ela começar".[7] Caímos na gargalhada juntos. Por dentro, fiquei constrangido. E se eu dissesse a ela que, freelancer, nem salário propriamente eu tinha?

Ao final da conversa com Ivete, segui de novo a pé para o Santos Dumont. Peguei o voo da ponte aérea, quase vazio, ao contrário do habitual. Naquele dia, 16 de maio de 2006, a facção criminosa Primeiro Comando da Capital, o PCC, decretara toque de recolher na capital paulista. Bases da polícia e dos bombeiros estavam sendo atacadas pelos bandidos. Segundo os boatos, os próximos alvos seriam pontos de ônibus, bancos, escolas, lojas e shopping centers.

Ao chegar a Congonhas no meio da noite, senti a evidente atmosfera de tensão no saguão de desembarque, quase deserto. Mesmo se me dispusesse a pegar um táxi para casa, não haveria nenhum disponível. Anunciado o fechamento do terminal de passageiros, liguei para Adriana. Provavelmente, teria de passar a noite na rua, avisei. Ela decidiu enfrentar o risco e me pegar no aeroporto, de carro. Como não havia com quem deixar Emilia, nossa filha, o jeito foi levá-la junto, na cadeirinha instalada no banco de trás.

Enquanto as duas não chegavam, fui para as imediações do portão de saída do aeroporto. Olhei para fora e percebi não haver ninguém por ali além de mim. A cidade estava vazia. Ameaçada, a população se trancara em casa. Debaixo da luz amarelada dos postes da avenida Washington Luís, jornais velhos esvoaçavam ao vento. Senti-me Charlton Heston em uma cena de *A última esperança da Terra*, sobrevivente do pós-apocalipse em um planeta no qual todos os demais humanos haviam desaparecido.

Adriana finalmente chegou e seguimos, apreensivos, em direção à Vila Madalena, onde morávamos. Atravessamos ruas abandonadas, sem parar nos semáforos vermelhos. Até chegar em casa, aterrorizados, não conseguimos trocar uma única palavra. Emilia, sem entender o que ocorria, nos pediu para colocar, no som do carro, o CD do Palavra Cantada. Enquanto ouvíamos "O que é que tem na sopa do neném", pensei em desistir de tudo, retornar para Fortaleza, pedir a Demócrito o emprego de volta, esquecer aquela aventura insana de me tornar escritor profissional em São Paulo.

Sem o incentivo de Adriana, teria desistido. Ela seguia apoiando a ideia. Terminou por me convencer do contrário. Um dia, quem sabe, ainda riríamos muito daquela situação, dizíamos um ao outro. Apesar das circunstâncias adversas, *Maysa: Só numa multidão de amores* foi o livro que levei menos tempo para escrever. Movido pela necessidade e pelo sentido de urgência, preparei um projeto, coloquei-o debaixo do braço e saí em busca de patrocínio para a obra. Depois de bater em inúmeras portas e ligar para o departamento de marketing de empresas indicadas por amigos, consegui um financiamento, por parte de um banco privado cearense, cuja matriz ficava na avenida Paulista.

Pude então contar com uma pequena equipe de pesquisadores-assistentes. Três colegas jornalistas me ajudaram a levantar material para reconstituir episódios específicos da história. Porém, a maior fonte de informação foi o acervo pessoal deixado pela própria biografada, tesouro franqueado por Jayme Monjardim. Fotos, cartas, recortes de imprensa e, principalmente, os diários de Maysa transferiram-se lá para casa, para serem esquadrinhados, catalogados e, ao final, entregues de volta à família.

Para minha surpresa, o livro — que teve as orelhas assinadas por Ruy Castro — tornou-se sucesso de vendas. Imaginava chamar a atenção preferencial de nostálgicos senhores e senhoras grisalhos, antigos admiradores de Maysa. Entretanto, um público insuspeitado — jovens de cabelos coloridos e piercings no nariz, ainda não nascidos quando da morte da biografada — começou a aparecer nas noites de autógrafos que eu era convidado a fazer pelo país.

A artista insubmissa, boêmia e depressiva, que enfrentara o alcoolismo, moralismos e julgamentos de toda ordem, transformara-se em musa cult, admirada por um séquito de fãs juvenis. As reimpressões se sucederam. Em casa, conseguimos acertar a maior parte das contas. Um ano e meio depois, Jayme utilizou o livro como fonte de pesquisa para gravar uma minissérie sobre a mãe em cinco capítulos — exibida no início de 2009, pela TV Globo. O interesse pela obra retornou, com duplo fôlego. Mas, àquela altura, eu já estava envolvido em novo projeto. Após biografar uma pecadora assumida, andava às voltas com as batinas de um padre acusado de charlatanismo.

Um velho amigo, o professor Renato Casimiro, da Universidade Federal do Ceará, foi quem me deu a notícia. O então cardeal Joseph Ratzinger — prefeito da Congregação para a Doutrina da Fé — determinara a formação de uma equipe multidisciplinar de estudos, destinada a abrir arquivos secretos do Vaticano. Após quase um século de silêncio, pretendia-se reexaminar, com olhos mais conscienciosos, o inquérito eclesiástico que resultou na expulsão de Padre Cícero das hostes da Igreja pelo Santo Ofício. Julgado e condenado em vida como embusteiro e artífice de falsos milagres, o célebre sacerdote teria a trajetória reconsiderada, para então se decidir, com base na análise documental, se ele merecia o perdão post mortem. As comunicações de Roma com a Conferência Nacional dos Bispos do Brasil (CNBB), às quais consegui acesso, não podiam ser mais explícitas quanto ao ponto realmente em questão. Diante do avanço dos neopentecostais no país, a Igreja católica não pretendia continuar deixando à margem do rito oficial a legião de romeiros que, no Nordeste, sempre considerou Padre Cícero um santo.

O fenômeno das romarias, que conduz anualmente 2,5 milhões de devotos a Juazeiro do Norte — cidade onde viveu o padre polêmico e da qual ele foi o primeiro prefeito —, seria uma demonstração inequívoca de seu legado espiritual à população sertaneja. Quando um novo bispo nomeado para a diocese da região, o italiano Fernando Panico, chegou ao lugar anunciando a carta pastoral "Romaria e conciliação", ficou evidente estar em curso o plano de reabilitação do sacerdote. Logo em seguida, o cardeal Joseph Ratzinger tornou-se o papa Bento XVI. Parecia questão de tempo até o Vaticano reconhecer a santidade de Padre Cícero. O processo, porém, segue em aberto.

Desde a época como assistente de Fernando Morais, em 1998, eu vinha acumulando leituras sobre a história de Juazeiro do Norte. Portanto, foi fácil retornar ao objeto de pesquisa, dessa vez em projeto autoral, com a devida ciência e o assentimento do amigo. Já estávamos em 2008 e, nesse meio-tempo, muitos dos meus conceitos — e preconceitos — a respeito do personagem haviam mudado. Minha visão prévia decorria de uma bibliografia datada, marcada por agudo viés político.

Antes, observava a figura de Cícero Romão Batista como a

caricatura perfeita do trapaceiro, aproveitador da boa-fé, da pobreza e da ignorância de uma gente humilde e desesperançada. Por essa chave interpretativa, a persistência de seu culto popular constituiria um símbolo da alienação religiosa, posta a serviço do poder econômico. "Padre Cícero chegou ao Juazeiro missionário, tornou-se visionário e acabou milionário", dizia dele o antecessor do então novo bispo, dom Newton de Holanda Gurgel.[8]

Mas o mergulho etnográfico no universo das romarias — e o acesso subsequente ao processo eclesiástico do qual o padre foi alvo — levou-me à necessidade de buscar referenciais mais sofisticados e complexos. Agnóstico, passara a compreender melhor a visceralidade da fé nordestina e a identificação sertaneja com a figura idealizada do "padrinho". "Padre Cícero é o único santo que, expulso da Igreja, leva sol na cabeça aqui fora, igual a nós", dizem os romeiros, em alusão ao fato de as imagens de seu eterno protetor continuarem proibidas de entrar nos templos católicos.

A leitura do inquérito religioso, cuja cópia manuscrita me chegou às mãos, revelou-me o eurocentrismo dos algozes do padre. Ele e as beatas de seu entorno eram citados, nos antigos documentos eclesiásticos, com expressões de marcada discriminação racial e de classe. Maria de Araújo, a verdadeira protagonista dos presumidos milagres originários do mito — testemunhas diziam que a hóstia sangrava ao lhe ser oferecida em comunhão —, era descrita no processo como "uma preta analfabeta". Indigna, portanto, de receber na boca cheia de dentes podres o sangue de Cristo, conforme alegava. Além do mais, "Jesus Cristo jamais sairia dos campos da Europa para fazer milagres nos sertões do Brasil", preconizava o padre francês consultor teológico da acusação.

Era preciso levar em conta todas as controvérsias e contradições em torno do biografado. Não se tratava de confirmar ou negar a veracidade dos milagres atribuídos a ele — até porque não tenho inclinação a acreditar em milagres. Mais importante seria compreender a construção da mitologia em torno de sua figura histórica. Perceber como Cícero, com seus defeitos e qualidades, deslizes e virtudes, soube falar de forma tão profunda, íntima e cristalina à alma daquele povo. Não partiria para a pesquisa de campo municiado de certezas, mas assoberbado com dúvidas e interrogações — muitas das quais destinadas a permanecer sem resposta ao final da investigação. "Quem é ateu, e viu milagres como eu...", já cantou Caetano Veloso, parafraseando Jorge Amado.

Trabalhava nos primeiros capítulos do livro quando recebi um telefonema de Luiz Schwarcz, da Companhia das Letras. Ele disse estar sabendo da biografia de Padre Cícero. Perguntou-me se tinha interesse em que desse uma olhada nos primeiros esboços, a fim de discutirmos uma possível publicação da obra pela editora. Eu estava em Joinville, em Santa Catarina, participando de um evento literário, e prometi que ligaria na volta a São Paulo. Fiz isso mal cheguei em casa. Marcamos uma reunião e, dali a poucos dias, estávamos trocando ideias sobre o livro. Salientei a preocupação de o projeto gráfico não sugerir uma perspectiva folclórica, muito menos aparentar louvação ingênua ou, pelo contrário, tentativa de desconstrução do personagem.

Luiz concordou e me ofereceu as condições objetivas para trabalhar da forma mais confortável possível. Pela primeira vez, recebi um adiantamento de direitos autorais. Isso me permitiu, no decorrer do prazo estipulado pelo cronograma, dedicar-me ao livro em regime de exclusividade, sem perder o foco prioritário.

Pouco antes, indicado por um amigo fotógrafo que conhecera nas pautas para a *Contigo*, escrevi dois livros institucionais, como ghostwriter — um para uma fábrica de chocolates, outro para um shopping center da zona leste de São Paulo. Com o dinheiro, dei entrada em uma quitinete em um predinho residencial na rua Teodoro Sampaio. Transferi para lá o escritório e me pus a trabalhar.

Entreguei os originais pontualmente a Luiz, na data prometida, em agosto de 2009. Dois meses antes, nasceu Alice, minha caçula.

O encontro com um editor como Luiz Schwarcz representou uma inflexão na minha carreira. Quando, em novembro, *Padre Cícero: Poder, fé e guerra no sertão* saiu da gráfica — aliás, o subtítulo foi sugestão do editor —, recebi o primeiro exemplar acompanhado de um bilhete escrito à mão, tão breve quanto gentil:

> *Querido Lira,*
> *Grande emoção.*
> *Pronto para o próximo?*
> *Abraços,*
> *Luiz*

Sim, eu já estava pensando no próximo. Se há algo que todo escritor, por força das circunstâncias, logo precisa aprender sobre o ofício é isto: nem pense em parar de escrever. Faz-se necessário emendar um trabalho no outro, pesquisa após pesquisa, livro após livro, sem dar-se ao luxo de fazer pausas para respirar. Vive-se disso. Sem escrita, sem dinheiro para pagar as contas no final do mês.

Perto de completar cinquenta anos, decidira apresentar à Companhia das Letras o projeto mais ousado que conseguira imaginar. No íntimo, eu próprio tinha receio de não dar conta da empreitada: biografar Getúlio Vargas.

Já existiam centenas de livros sobre o ex-presidente, incluindo pelo menos uma dezena de narrativas biográficas. Ainda assim, tinha a certeza de haver espaço para mais uma. Nunca acreditei em biografias definitivas. Anos antes, quando decidira escrever sobre Alencar, tive conhecimento da existência dos livros de Arthur Motta, Luís Viana Filho, Oswaldo Orico, Raimundo Magalhães Jr. e Raimundo de Menezes. Ainda assim, atrevi-me a escrever *O inimigo do rei*.

Editadas entre 1921 e 1979, as cinco biografias anteriores do romancista atendiam a questões específicas do tempo em que foram escritas. "Escrevem-se sempre biografias novas das mesmas personagens, o que não apenas se deve à descoberta de documentos inéditos, mas se explica pelo surgimento de questões novas, de novos paradigmas interpretativos e também pela intuição e imaginação do biógrafo — ou seja, por sua capacidade inventiva", explica François Dosse, historiador francês, autor do essencial *O desafio biográfico*.[9]

"Capacidade inventiva", diga-se, é entendida aqui não no sentido da criação literária, ficcional, mas como atributo de um olhar criativo, fecundo, lançado sobre a documentação. Philippe Levillain, também historiador francês, já comparou a circunstância de existirem diversas biografias de um só personagem — inclusive simultâneas, dividindo a mesma vitrine de uma livraria — com eventuais retratos de um único indivíduo, pintados por artistas diferentes, com estilos, ângulos e planos de fundo próprios.[10]

No caso de Getúlio Vargas, assim como ocorrera no trabalho com Padre Cícero, busquei fugir dos lugares-comuns da maior parte da bibliografia preexistente sobre o personagem. Se muito já se escrevera sobre Vargas, havia uma tendência de retratá-lo quase sempre em perspectivas dicotômicas: pela ótica da devoção política ou, ao contrário, da condenação histórica. Propus a Luiz uma biografia moderna, jornalística, equilibrada. Uma obra que pretendesse não fazer um julgamento sumário, mas ser uma investigação criteriosa em torno das muitas ambivalências de Getúlio, sem beatificá-lo ou demonizá-lo a priori.

Sugeri uma biografia em três tomos, dada a avalanche de informações disponíveis, a começar pelo acervo do próprio ex-

-presidente, preservado no Centro de Pesquisa e Documentação de História Contemporânea do Brasil (CPDOC), da Fundação Getulio Vargas: mais de 28 mil manuscritos, além de centenas de livros, periódicos, filmes, discos, fotos, cartazes e cartões-postais. Elaborei um projeto de pesquisa que previa um cronograma de cinco anos de trabalho — de 2009 a 2014 —, com incursões por arquivos de todo o Brasil e, também, nos repositórios diplomáticos de Alemanha, Argentina, Estados Unidos, Inglaterra, Itália e Uruguai.

Luiz aceitou a proposta sem regatear. A parceria da editora com o produtor Rodrigo Teixeira, da RT Features, que adquiriu os direitos de adaptação do livro para o audiovisual, ofereceu-me as circunstâncias indispensáveis à realização da tarefa, o que incluía contratar pesquisadores assistentes, realizar viagens de trabalho, adquirir livros raros, digitalizar fontes arquivísticas. Era preciso rastrear, ao máximo possível, os passos do biografado, entender suas motivações, atitudes, escolhas.

Claude Arnaud, biógrafo do poeta, romancista, pintor, escultor, dramaturgo e cineasta Jean Cocteau, comparou o autor de biografias a um antropófago, um "biófago", devorador de vidas. "Devoro a língua e o tutano, o coração e os miolos [do biografado]. Depois de alguns meses desse festim, sei mais sobre ele do que sobre aqueles e aquelas com os quais convivi."[11]

À época, discutia-se no Brasil a questão das biografias não autorizadas. A querela andava acirrada. Um grupo seleto de artistas defendia a proibição de obras do gênero que não tivessem a chancela dos próprios biografados — ou de seus herdeiros, em caso de personalidades falecidas. Militei ardorosamente contra a ideia. Dei entrevistas, escrevi artigos, não perdi oportunidades de me manifestar, de público, sobre a celeuma. Alertava para o perigo de um cenário desastroso, no qual a história do país só poderia ser contada pela via oficialesca, asséptica, chapa-branca. Imagine-

-se, por exemplo, o esdrúxulo de se precisar da autorização prévia da família de um ditador, como Castello Branco, para escrever-lhe a biografia.

No auge da discussão, fui convidado para tomar um café com a cientista política Celina Vargas, neta e guardiã da memória de Getúlio. Eu não pedira autorização à família para escrever a série biográfica — e até já publicara o primeiro volume, "Dos anos de formação à conquista do poder (1882-1930)". Celina me disse que o havia lido. Não tinha reparos a fazer. Mas queria saber qual a cronologia do segundo. Informada de que seria o intervalo entre os anos de 1930 e 1945, ela interrompeu o gesto de levar a xícara a boca, paralisando-a no ar por alguns segundos, antes de devolvê--la ao pires sobre a mesa.

"Pois esse não vou ler", disse-me. Justificou: não desejava remoer assuntos historicamente indigestos para ela — a ditadura do Estado Novo, a prisão de adversários do varguismo, a brutalidade da polícia política, a tortura como prática de interrogatório, o amordaçamento dos jornais, a queima de livros em praça pública. "Mas você terá que escrever sobre tudo isso; do contrário, não será a história completa de meu avô", reconheceu.

Em junho de 2015, quando eu já lançara os três volumes de *Getúlio*, os ministros do Supremo Tribunal Federal (STF), por unanimidade, deram ganho de causa à liberação das biografias não autorizadas. "Pela biografia, não se escreve apenas a vida de uma pessoa, mas o relato de um povo, os caminhos de uma sociedade", defendeu a relatora, ministra Cármen Lúcia.[12]

Em artigo para a *Folha de S.Paulo*, escrevi: "A narrativa da vida de uma personalidade pública não pertence apenas a ela, muito menos aos familiares. Ela é patrimônio de nossa memória coletiva, de nossa história comum". Não se tratava de um "liberou geral", expliquei. "Quaisquer indivíduos — e, por extensão, seus respectivos herdeiros — que se sintam caluniados, difamados, alvo de ataques desonestos e vilanias continuam tendo o direito a cobrar, na Justiça, a severa punição ao caluniador, ao autor da difamação, ao promotor da desonestidade."[13]

Juntos, os três volumes de *Getúlio* venderam mais de 225 mil exemplares. Ao final dos cinco anos de trabalho, restava a gratificação pela acolhida da obra, tanto por parte do público quanto da crítica. Mas, também, o cansaço. Eu estava esgotado, física e mentalmente. Quando Luiz me fez a inevitável pergunta — "qual o próximo?" —, respondi-lhe estar exausto. Getúlio exaurira-me as forças. Disse que precisava relaxar, divertir-me, espairecer. Ouvir música, dançar, "sambar". Ao mesmo tempo, reconheci não ser possível me permitir passar muito tempo sem um novo projeto editorial.

Foi quando Luiz me sugeriu escrever sobre a história do samba.

Achei que seria fácil. Além de amar o samba, a pesquisa sobre a era Vargas me levara a incursões não só ao mundo político, mas também à cena cultural e social brasileira da primeira metade do século XX. Momento em que aquele gênero musical, nascido na marginalidade e nos terreiros de ex-escravizados, fora elevado a um dos símbolos máximos de nossa presumida identidade cultural — por força do mercado fonográfico, da assunção do rádio e da propaganda ideológica do Estado Novo.

Seria a primeira vez que não trabalharia em uma biografia propriamente dita. Já a partir do título, *Uma história do samba: As origens*, lançado pela Companhia das Letras no início de 2017, deixava patentes os objetivos. Não se tratava de "a" história do gênero, mas de "uma", entre as tantas possíveis. Indicativo de que a pesquisa optara por um recorte específico. No caso, a formação e evolução do samba urbano carioca, chamando a atenção do leitor para o fato de o estilo ser múltiplo, com formas e manifestações plurais, a exemplo do samba de roda baiano, o tambor de crioula maranhense ou o coco de praia cearense.

Por isso mesmo, o subtítulo falava de "as origens" — e não de "a origem". Destacava-se a impossibilidade de determinar uma única gênese para manifestação cultural tão rica de amálgamas, movências, misturas. Durante a fase de campo, montei uma "sucursal" de meu escritório paulista no Rio de Janeiro, a céu aberto, na rua do Ouvidor, em uma das mesas da Toca do Baiacu — pé-sujo frequentado por sambistas, compositores e pesquisadores da cidade. Era lá que me encontrava com um grupo de bambambãs no assunto, mestre Luiz Antônio Simas à frente, historiador, compositor e babalaô no culto de Ifá, sistema divinatório de matriz africana.

Se houve imenso prazer envolvido na investigação, também não faltaram percalços de ordem metodológica. Ao passo que a pesquisa sobre Getúlio Vargas me impusera o desafio do excesso inesgotável de fontes, a dificuldade dessa "biografia coletiva" seria lidar com a escassez documental relativa aos primórdios do samba. Vivido por grupos socialmente inviabilizados, em sua maioria não letrados, pouco ou quase nada existe de registros escritos acerca do cotidiano dos primeiros sambistas. A maior parte das informações provém da rica tradição oral, elaborada e reelaborada geração após geração, por meio de memórias seletivas e construídas coletivamente.

Precisei recorrer aos arquivos policiais, de modo a traçar a cartografia original do samba carioca, identificando cenários, e estabelecer a tipologia de seus protagonistas, indivíduos então considerados marginais, com passagens frequentes por prisões e delegacias. Como propunha Walter Benjamin, lia assim os testemunhos históricos a contrapelo, contra os propósitos de quem os produzira. Na bela formulação do historiador italiano Carlo Ginzburg, escavava os meandros de "textos entranhados de história", para tentar fazer emergir deles "vozes incontroladas".[14]

A pesquisa coincidiu com minha reaproximação da universidade. Motivado por dois queridos e saudosos amigos — os professores Gilmar de Carvalho e Jerusa Pires Ferreira —, voltei às salas de aula, aos 55 anos, para cursar um mestrado em comunicação e semiótica, na Pontifícia Universidade Católica de São Paulo (PUC-SP). A dissertação apresentada em 2018 para a obtenção do título de mestre, *Da roda ao auditório: Uma transformação do samba pela Rádio Nacional*, orientada por Jerusa, incorporou reflexões teóricas às narrativas tanto de *Uma história do samba* quanto de *Getúlio*.

Minha brilhante orientadora rejeitou o texto que lhe apresentei como primeira versão do trabalho. "Reescreva, está um lixo", sentenciou. Diante de meu espanto, explicou: "Isso não é você; evite as muletas e jargões acadêmicos. Escreva uma narrativa, como gosta de fazer". Ponderei que a banca talvez não considerasse o formato adequado aos rigores da escrita científica, mas Jerusa retrucou: "Rigor científico não é rigor mortis; solte-se, ouse, narre". Segui o conselho e, assim, obtive a titulação de mestre em semiótica.

O projeto editorial sobre o maior gênero musical brasileiro, temporariamente interrompido, consiste também na produção de três volumes. Todavia, uma série de circunstâncias pessoais, acadêmicas e profissionais me trouxeram a Portugal — entre outros motivos, para cursar um doutorado em história, na Universidade de Coimbra, exatamente sobre a escrita biográfica. Aqui, pude concretizar também o antigo desejo de mergulhar nos documentos inquisitoriais da Torre do Tombo — o arquivo nacional português —, investigação que me levou a escrever *Arrancados da terra*, publicado pela Companhia das Letras em 2021.

Nessa minha segunda biografia coletiva, o subtítulo vale por uma sinopse: "Perseguidos pela Inquisição na Península Ibérica, refugiaram-se na Holanda, ocuparam o Brasil e fizeram Nova York". É a saga dos judeus sefarditas obrigados a perambular no século XVI de porto em porto, de travessia em travessia, de país a país, de continente a continente, sempre fugindo dos discursos de ódio e das forças da intolerância. Por dolorosa ironia, o trabalho que me levou ao passado mais remoto acabou por se tornar o mais atual, amargamente contemporâneo.

Este livro, *A arte da biografia* — título tomado emprestado de um texto clássico de Virginia Woolf[15] —, pretende compartilhar com o leitor algumas das lições que aprendi, na prática, errando e acertando, a respeito do gênero biográfico. Os capítulos aqui reunidos foram escritos com base nas notas de aula do curso livre, homônimo, que ministrei na reitoria da Universidade do Porto, entre outubro e novembro de 2021.

Procurarei articular reflexão e prática, crítica e experiência, observação e exercício. Aqui, sujeito e objeto propositalmente se confundem. O observador faz parte da coisa observada — e vice-versa. "Se não se identifica com o objeto, bom sujeito não é", dizia-me, a propósito, a luminosa Jerusa Pires Ferreira.

1. Breve "biografia" da biografia

[A biografia] é o melhor meio de mostrar as ligações entre passado e presente, memória e projeto, indivíduo e sociedade, e de experimentar o tempo como prova de vida.

Philippe Levillain

A mais antiga "biografia" de que se tem notícia — na verdade, espécie de autobiografia, pois escrita em primeira pessoa — tem pelo menos 2500 anos de idade. Foi lavrada em pedra, na antiga Pérsia, atual Irã, no alto de um penhasco de cerca de cem metros de altura, na encosta do monte Behistun, a 225 quilômetros da moderna Teerã. Devido ao local íngreme e elevado no qual foi talhada, inacessível aos viajantes das caravanas que passavam na estrada lá embaixo rumo à Babilônia, presume-se ter sido destinada mais aos olhos da posteridade — ou dos deuses — do que aos dos respectivos contemporâneos.[1]

O texto, gravado em um paredão de calcário de quinze por 25 metros, narra trechos da vida do rei Dario, monarca que governou durante o apogeu do império persa — de 522 a.C., quando derrubou e matou o antecessor, um suposto mago chamado Gautama, até sua própria morte, em 486 a.C. "Oito de minha dinastia foram reis antes de mim", lê-se no início da inscrição. "Pela graça de Ahuramazda [a divindade maior da mitologia persa], sou rei".[2]

Conquistas, guerras e revoltas internas, tudo é descrito por Dario em narrativa triunfal, autocongratulatória, recheada de intrigas e traições. Os episódios foram reconstituídos em persa antigo ao longo de 414 linhas, divididas em cinco colunas, ilustradas por uma grande imagem em baixo-relevo. Nela, o rei aparece em tamanho natural, abatendo Gautama com o pé esquerdo e em posição de superioridade frente a outras nove figuras menores, de mãos amarradas e cordas em torno do pescoço, representações dos povos subjugados pelo poderoso soberano.

"Isso é o que eu fiz", declara o final do texto, escrito em outras duas línguas faladas à época — elamita e babilônico —, em linhas e colunas à parte. Circunstância que, a exemplo dos hieróglifos egípcios decifrados a partir da famosa Pedra da Roseta, permitiria a especialistas decodificar mais tarde, por semelhante processo comparativo, a escrita cuneiforme. "Tu, que no futuro lerás estas inscrições, saiba que meus feitos não foram falsamente relatados", afiançava Dario.[3]

Afora essa relíquia ancestral em pedra, as manifestações pioneiras do gênero biográfico mais remotas e dignas de menção remetem, de forma sintomática, a dois súditos do império persa. Ambos viveram no século v a.C. e escreveram em grego. O primeiro, Xanto, autor de *Vida de Empédocles*. O segundo, Cílax, que escreveu *Vida de Heráclides*. Contudo, tais obras perderam-se para sempre. O que se sabe delas — e da existência de seus autores — deve-se a referências feitas por terceiros, posteriores ou mais célebres, a exemplo de Heródoto, o chamado "pai da História".[4]

Do mesmo modo, pouco ou quase nada se conhece sobre a prática do gênero biográfico nos séculos imediatamente anteriores à era cristã. Dos raros textos que escaparam ao desaparecimento, é possível destacar o discurso de Isócrates, orador e retórico ateniense, escrito por volta de 370 a.C., dedicado à memória de Evágoras, rei do Chipre, ilha do leste do Mediterrâneo. "Convém louvar os varões do nosso tempo que se tornaram virtuosos, para que os oradores capazes de ornamentar-lhes os feitos [...] atenham-se à verdade, e para que os jovens rapazes se disponham com ânimo em relação à virtude", justificava Isócrates.[5]

Não muito depois disso — estima-se que em torno de 360 a.C. —, Xenofonte, soldado, historiador e filósofo, discípulo de Sócrates, adotou idêntico critério para a louvação póstuma de Agesilau, governante de Esparta. "Sei como é difícil escrever uma apreciação de Agesilau que seja digna de sua virtude e glória", considerou. "No entanto, a tentativa deve ser feita. Pois não seria apropriado um homem tão bom, apenas por causa de sua perfeição, não receber nenhum tributo de elogio, por mais inadequado que seja."[6]

Em comum, além do tom lisonjeiro e da justificativa de propagar a "verdade" aos vindouros, tais textos se inseriam na longa tradição de discursos funerários, os chamados "encômios", laudatórios aos mortos. Ainda que não se pudesse falar em biografias propriamente ditas — pois tais louvações omitiam eventos da vida privada do homenageado, concentrando-se em aspectos da trajetória pública —, o gênero encomiástico desfrutou de grande popularidade entre os antigos. O propósito era explicitamente pedagógico: transmitir modelos virtuosos.[7]

Costuma-se atribuir a primeira coleção de textos mais próximos da biografia, tal como a compreendemos hoje, ao romano Cornélio Nepos, no início do século I a.C. Seus escritos também se tornaram mais conhecidos por meio de alusões subsequentes, compiladas por outros autores. Na única parte de sua obra que sobreviveu na íntegra ao tempo, a coletânea *Excellentium imperatorum vitae*, Cornélio coligia notas biográficas a respeito de dezesseis personagens, latinos e romanos. Como se espreitasse por trás das cortinas domésticas, mencionava minudências antes consideradas irrelevantes — ou inoportunas — pelos cultores do gênero.

"Não tenha dúvidas [...] de que haverá muitos que acharão este tipo de escrita insignificante em sua natureza, e não adaptado o bastante ao caráter de homens eminentes", admitia.[8] De um dos perfilados, o general Epaminondas, líder militar na Guerra do Peloponeso, destacou o fato de ser bom dançarino, saber tocar flauta e nunca ter se casado.[9] De Címon, outro comandante grego, enfatizou o pormenor de ter contraído matrimônio com uma meia-irmã, prática ilegal à época em Roma. "Na Grécia, é considerado uma honra para os jovens ter tantas amantes", ressalvou.[10]

Cornélio fazia questão de não se dizer historiador, mas narrador de "vidas" — termo com o qual se designavam os relatos biográficos. Ao escrever sobre Pelópidas, parceiro militar de Epaminondas, observou: "Quanto aos seus méritos, tenho dúvidas de como devo falar deles; pois temo que, se começar a dar um relato completo de suas ações, possa parecer não estar relatando sua vida, mas escrevendo história".[11]

A dicotomia entre história e relato biográfico foi sublinhada pelo principal mestre do gênero na Antiguidade, o também romano Plutarco, nascido duas décadas após a morte de Cornélio. "É preciso que se lembrem que não me pus a escrever histórias, mas vidas", frisou na introdução a *Vida de Alexandre*, o grande imperador.[12]

A diferença básica entre uma e outra, biografia e história, estaria no compromisso declarado, por parte dos historiadores, de buscar a amplitude dos fatos coletivos, enquanto caberia aos narradores de vidas oferecer padrões morais a serem imitados e adotados como norma de conduta.[13]

Partidário dessa intenção, Plutarco elevou o gênero ao nível máximo de excelência. Nos volumes de *Vidas paralelas*, constituídos por 23 pares de narrativas comparadas, sempre confrontando a trajetória de um personagem grego à de um romano — César e Alexandre, por exemplo —, estava mais empenhado em revelar particularidades da personalidade dos indivíduos, ressaltando-lhes qualidades e defeitos, que em reconstituir grandes episódios históricos.

"As mais altas e gloriosas proezas nem sempre são aquelas que mostram melhor o vício e a virtude de um homem", argumentava. "Muitas vezes, um fato insignificante, uma palavra e uma pilhéria põem com mais clareza em evidência o caráter do que derrotas onde tenham morrido dez mil homens, ou grandes batalhas e tomadas de cidades por sítio ou assalto."[14]

Plutarco definia-se como retratista de almas.

Exatamente como os pintores que, em seus retratos, procuram captar o rosto e os traços exteriores capazes de deixar transparecer o caráter, sem preocupar-se com outras partes do corpo, assim também nos deve ser concedido que procuremos sobretudo os sinais da alma e formemos desse modo um retrato natural da vida e dos costumes de cada um, deixando aos historiadores descrever guerras, batalhas e outras grandezas tais.[15]

Na introdução a *Vida de Paulo Emílio*, vencedor da terceira batalha da Macedônia, Plutarco afirmou ter decidido narrar vidas para exclusivo proveito dos leitores. "Em seguida, porém, perseverando, procurei também beneficiar a mim mesmo, olhando-as como num espelho, esforçando-me no sentido de reconstruir minha própria vida, tomando como modelo as qualidades de caráter desses ilustres varões", concluiu, reforçando a intenção moralizante do ofício.[16]

Tarefa que, segundo ele, pressupunha um vínculo de intimidade póstuma entre autor e personagens: "Buscando conhecer seus costumes a fim de estar em condições de levar a bom termo o encargo que me propus, fui como obrigado a conviver intimamente com eles, como se os hospedasse em minha casa, um após outro".[17]

Não significava, porém, relevar ou omitir traços pessoais menos edificantes dos retratados. "A índole de Marco Antônio era má e tirânica", disse a respeito do ditador romano.[18] "Alcibíades recebia muitas vezes presentes de forma pouco honesta, deixando-se também corromper por dinheiro", escreveu sobre o estrategista grego.[19] Denunciava os defeitos dos biografados para, pelo contraste, salientar-lhes as virtudes. Apontar eventuais falhas de caráter servia como sinal de advertência, para os leitores estarem precavidos a não incidirem no mesmo erro. Os méritos, por sua vez, deviam ser tomados como moldes de retidão.

Essa foi a mesma fórmula adotada por outro minucioso narrador da Roma Antiga, Suetônio, contemporâneo de Plutarco e autor de *Vidas dos doze césares*. Nomeado zelador dos arquivos imperiais, teve livre acesso a copiosa documentação, incluindo atas secretas e correspondências privadas. A partir delas, escreveu textos bem fundamentados em relação às fontes primárias, embora sem romper com o moralismo típico às origens do gênero.[20]

Sobre Caio César Calígula, Suetônio reconheceu ter sido transparente em relação às contas públicas, dado autorização a escritos políticos até então proibidos, concedido liberdade de ação aos magistrados, restabelecido o direito aos comícios populares, restituído reinos arrebatados das mãos de governantes legítimos, organizado concursos de eloquência, concluído obras inacabadas de antecessores. "Até aqui falei de um príncipe; quero agora falar de um monstro", contrapôs, para enfileirar uma sequência de atrocidades cometidas por Calígula.[21]

A começar pelas praticadas contra o próprio núcleo familiar: o assassinato do irmão, Tibério; a indução do sogro, Silano, ao suicídio; a prática de exibir a esposa, Cesânia, nua aos amigos; o desvirginamento de uma das irmãs, Drusila, e o aberto patrocínio da prostituição das demais. "Quando se divertia e se dedicava a jogos e festins, a mesma crueldade impregnava suas palavras e atos; muitas vezes, enquanto comia ou realizava orgias, as torturas eram aplicadas ali mesmo, sob seus olhos".[22]

De Tito Flávio Vespasiano, Suetônio escreveu perfil menos nuançado, atribuindo-lhe qualidades superlativas, a exemplo do "caráter benevolentíssimo". "Não tinha nenhum vício, mas, pelo contrário, as mais altas virtudes", declarou, para arrematar: "Manifestou não somente a solicitude de um príncipe, mas ainda a ternura de um pai, ora consolando o povo com éditos, ora socorrendo-o na medida das possibilidades".[23]

Por assim dizer, a história de Tito Flávio Vespasiano contada por Suetônio já era quase uma hagiografia, o gênero biográfico dominante nos séculos seguintes, ao longo da Idade Média, período histórico iniciado após a queda do Império Romano do Ocidente, no século v.

Em grego, *hagios* significa "santo"; *graphia*, "escrita". As hagiografias eram exatamente isso, narrativas idealizadas da vida de santos. Textos que herdaram das histórias de vidas da Antiguidade a mesma característica de discurso pedagógico e moral, destinado a induzir modelos de comportamento. Todavia, não mais para enaltecer reis e príncipes, mas para incensar indivíduos dedicados à fé e à religião cristãs.[24]

O padrão anterior, ressalte-se, não submergiu por completo.

Bastaria citar exemplos notórios. Em Saint-Denis, o abade Suger, conselheiro real, escreveu a *Vida de Luís VI*. Na Islândia, o historiador e poeta Snorri Sturluson redigiu a *Heimskringla*, longa saga sobre reis nórdicos. Em Gales, o monge Asser produziu a *Vida do rei Alfredo*. Caso ainda mais exemplar é o do diplomata e religioso Gregório de Tours. Na monumental *História dos Francos* — composta por dez livros dedicados a reconstituir a formação e a expansão da Gália, da "criação do mundo" até o século VI, quando foram escritos —, fundiu historiografia, hagiografia e biografia.[25]

"Vou descrever as lutas dos reis com as nações adversárias, dos mártires com os pagãos, das igrejas com os heréticos, mas antes desejo expressar minha fé, para que aqueles que me leem não duvidem de que sou católico", adiantou, nas linhas iniciais do primeiro tomo. "Pretendo organizar toda a cronologia dos fatos, se o Senhor se dignar a conceder-me Sua ajuda, desde a criação do primeiro homem [Adão] até o meu tempo."[26] A partir de narrativas bíblicas, tradições orais e tratados eruditos, Gregório avançou na cronologia e na documentação, para enfim chegar ao relato biográfico, quando passou a retratar personagens ilustres com quem conviveu na condição de alto funcionário da corte.

O testemunho pessoal foi igualmente evocado como atestado de veracidade pelo também escritor e diplomata carolíngio Eginhardo (*c.* 770-840), autor de outra obra medieval singular, a *Vida de Carlos Magno*, o rei dos francos, escrita no século IX. "Ninguém pode escrever com mais verdade do que eu sobre fatos que presenciei e que conheci realmente, sendo testemunha ocular dos mesmos", alegou, no texto introdutório. Conselheiro do imperador, não poupou glorificações ao biografado: "Aqui tendes um livro que perpetua a memória do mais excelso e grande dos homens".[27]

Atento aos detalhes, Eginhardo coloria a narrativa de modo eficaz, descrevendo inclusive as indumentárias de Carlos Magno. "Sobre o corpo usava uma camisa e uns calções de linho; por cima, uma túnica debruada de seda e meias altas, com umas faixas em redor das pernas e calçado nos pés; no inverno abrigava os ombros e o tronco com um gibão de pele de lontra", especificava. "Cobria--se com um manto azul e trazia sempre cingido um punhal cuja bainha era de ouro ou prata."[28]

Não obstante obras tão singulares, foram as hagiografias que assumiram mesmo posição hegemônica entre os relatos biográficos do medievo, provocando uma ruptura entre a história sagrada e a história profana.[29] A maioria delas se dirigia ao consumo e à audição popular, lidas em voz alta, aos leigos, por clérigos e pregadores.[30]

No relato hagiográfico, há quase sempre o postulado da predestinação, a ideia de que o futuro do indivíduo exemplar — no caso, o santo — está traçado desde o nascimento, por unção e escolha divina. A ascese, bem como as provações e os martírios, ou mesmo os desvios pessoais, seriam caminhos para se alcançar a santidade e a reconciliação terrena com a glória de Deus.[31]

A comprovar a popularidade do gênero à época, a *Legenda áurea* — coletânea de mais de 170 narrativas hagiográficas compiladas no século XIII pelo dominicano Jacopo de Varazze — foi traduzida para praticamente todas as grandes línguas então faladas na Europa. Nada menos que 1100 cópias manuscritas sobreviveram ao tempo, evidenciando a notoriedade e a ampla circulação da obra. Ao mesclar fontes eruditas com historietas folclóricas, Varazze, arcebispo de Gênova, conferiu sabor especial aos diversos capítulos da coletânea.[32] Se havia o intuito de evangelizar pelo exemplo, não faltava o cuidado de divertir, entreter, ocupar as horas livres dos leitores — o que diferenciava a hagiografia dos textos canônicos oficiais.[33]

No capítulo sobre são Bento, lê-se: "O Diabo trouxe-lhe diante dos olhos do espírito uma mulher que ele vira outrora, ardendo em seu coração tal paixão que, vencido pela volúpia, estava a ponto de ir embora do deserto". Tratava-se da clássica referência à tentação do corpo e dos sentidos, lugar-comum hagiográfico. Mas, no desenrolar da narrativa, o modo pelo qual são Bento era resgatado da perdição aproximava o texto do estilo do *fabliau*, gênero satírico popularesco: "Pela graça divina, recobrou subitamente o controle de si, tirou a roupa e rolou com tamanha violência sobre espinheiros e sarças que havia por ali, que seu corpo ficou todo ferido, e desta forma, pelas chagas da carne, curou as chagas do pensamento".[34]

Na chamada baixa Idade Média — mais especificamente entre os séculos XI e XIII, auge do sistema feudal —, as narrativas biográficas não poderiam deixar de ser impactadas pelas transformações políticas, econômicas e sociais vividas pelo continente europeu. Surgia a figura arquetípica do herói, não mais um semideus como os da Antiguidade, mas um indivíduo, embora sujeito à condição humana, alçado acima dos homens comuns. Isso graças a um conjunto de virtudes e capacidades que iriam da coragem ao senso de honra, da destreza física ao voluntarismo, da razoabilidade à empatia, da força de caráter ao altruísmo.[35]

Foi a época das biografias cavaleirescas, das quais um dos melhores modelos talvez seja *O livro dos feitos de meu bom senhor Jean Le Meingre, conhecido como Boucicaut*, de autoria anônima, datado de 1409. Uma única cópia do manuscrito, de 125 folhas de pergaminho, alcançou a posteridade. Narra a trepidante trajetória de um cavaleiro e líder militar francês, participante das Cruzadas, "sóbrio, piedoso, mas também cortês e letrado".[36] Além das façanhas registradas em guerras e torneios, Boucicaut teria sido homem sensível: compunha baladas sentimentais, era amante arrebatado e dedicava-se à proteção das mulheres.

"Ele não é especialmente alto, mas não é baixo. Seu físico é magro, mas bem construído: ele é atlético e robusto", descreveu o anônimo biógrafo. "Seu rosto é uniformemente bonito, levemente bronzeado, com um tom vistoso, com boa barba, de cor ruiva. [...] Deus concedeu-lhe um ar de sereno comando, que impressiona e intimida a todos apenas pela aparência, por isso é reverenciado em toda parte e por todos, até mesmo pelos superiores hierárquicos."[37]

Outro cavaleiro imortalizado em uma biografia do gênero foi o anglo-normando Guilherme Marechal, personagem de uma narrativa poética do século XIII, de cujo autor sabe-se apenas o prenome, João. Nesse caso, também se conhece uma única cópia do manuscrito, uma transcrição em 127 folhas, contendo cerca de 20 mil versos. Quem quer que tenha sido o trovador a escrevê-los, atentou para o critério metodológico de explicitar as fontes de informação, como determinam as boas regras da escrita histórica.[38]

Quando encontrava disparidade entre tais fontes, advertia o leitor: "Os que me fornecem a informação não concordam entre si; não posso obedecer a todos: seria extraviar-me; seria perder a boa trilha, perder parte de vosso crédito", ponderava, estabelecendo um pacto de veracidade com o leitor. "Na história, que é verdade, ninguém deve mentir conscientemente."[39]

Mas foi nos primórdios do Renascimento, com a gradativa prevalência do individualismo e do pensamento antropocêntrico — o homem, e não mais Deus, como centro do universo —, que a biografia encontrou terreno propício para admirável expansão. O desenvolvimento do comércio, o esfacelamento do sistema feudal, a crescente urbanização e a formação dos grandes Estados nacionais produziram o cenário perfeito para o gênero alcançar maiores condições de produção e circulação.

Francesco Petrarca, o humanista italiano, estudioso do latim e célebre pela obra poética, baseou-se na tradição clássica do gênero para escrever *De viris illustribus* — coletânea inacabada de biografias, abrangendo desde personagens bíblicos, como Adão e Moisés, até romanos célebres, como os imperadores César Augusto, Júlio César, Trajano e Tito César Vespasiano.[40]

Giovanni Boccaccio, mais conhecido pelas novelas picantes que compõem o *Decamerão*, também se dedicou ao gênero biográfico, escrevendo sobre as vidas de Dante Alighieri e do próprio Petrarca, além de ter produzido algo pioneiro à época, *De claris mulieribus*, uma coleção de biografias de personagens femininas, reais e mitológicas, entre as quais incluiu a rainha egípcia Cleópatra, a poeta grega Safo de Lesbos e a lendária papisa Joana.[41]

O florentino Nicolau Maquiavel, autor de *O príncipe*, escreveu a biografia do capitão Castruccio Castracani, duque de Lucca, representação do homem moderno e ideal, apontado como modelo de inspiração para a então projetada unificação da Itália sob única bandeira. Havia pontos de convergência entre os atributos do príncipe da obra mais famosa de Maquiavel e a figura histórica de Castruccio: "Era grato para com os amigos, para com os inimigos, terrível, justo com os súditos, desleal com os estrangeiros; nem nunca, se pudesse vencer por fraude que procurasse vencer por força; porque dizia que é a vitória, não o modo dela, o que traz a glória".[42]

Por toda a Europa, em particular na França e na Inglaterra, o gênero biográfico disseminou-se nesse período. Entretanto, somente no final do século XVII e no início do século XVIII o termo "biografia" passou a ser registrado nos dicionários europeus. Em 1683, apareceu *biography*, em inglês. Em 1709, *Biographie*, em alemão. Em 1755, também *biographie*, em francês.[43]

Em português, um dos dicionários mais antigos do idioma, editado em 1712 pelo padre Rafael Bluteau — *Vocabulario Portuguez e Latino, Aulico, Anatomico, Architectonico, Bellico, Botanico, Brasilico, Comico, Critico, Dogmatico* [...] *autorizado com exemplos dos melhores escriptores portuguezes e latinos, e oferecido a el-rey de Portugal D. João V* —, não trazia o vocábulo. Assim como também não o *Diccionario da lingua portugueza*, recompilado pelo carioca Antonio de Moraes Silva, de 1813. Mas ele estará finalmente presente no *Diccionario contemporaneo da lingua portugueza*, de Caldas Aulete, publicado em Lisboa, em 1881: "Biographia: s.f. história da vida de uma única pessoa".[44]

Não por coincidência, à legitimação internacional da palavra correspondeu, quase de modo simultâneo, o momento no qual se publicou aquela que pode ser considerada a primeira das biografias modernas. *A vida de Samuel Johnson*, de James Boswell, editada em Londres em 1791, em dois volumes e mais de mil páginas, resultou em sucesso imediato de público e crítica. Os cerca de 2 mil exemplares da edição original esgotaram em dezoito meses — um fenômeno editorial para a época.[45]

Johnson era poeta, ensaísta, crítico literário e, ele próprio, biógrafo. Autor de um dicionário da língua inglesa, prefaciador de edições das obras de Shakespeare, escreveu, entre outros livros do gênero, a série *Vidas dos poetas ingleses mais eminentes*, publicada entre 1779 e 1791, reunindo 52 biografias sintéticas. "Nenhuma espécie de escrita parece mais digna de ser exercida do que a biografia, uma vez que nenhuma pode ser mais agradável ou mais útil", avaliava. "A tarefa do biógrafo é conduzir os leitores à privacidade doméstica e exibir os mínimos detalhes da vida cotidiana, onde os homens se revelam."[46]

A primeira biografia escrita por Jonhson, *A vida de Richard Savage*, de 1744, já promovera uma reviravolta no gênero. Ao debruçar-se sobre a vida de Savage, poeta bêbado, pobretão e arruaceiro — que chegara a assassinar um homem e ferir uma mulher durante uma briga em uma cafeteria —, rompia com o paradigma moralizante do gênero. Em vez do herói exemplar, repositório de virtudes, elegia-se como personagem o indivíduo desajustado, acossado por perturbações de toda ordem.

"Os heróis da literatura, bem como os da história, muitas

vezes não foram menos notáveis pelo que sofreram do que pelo que realizaram", explicou. "A essas narrativas tristes, estou prestes a adicionar a vida de Richard Savage, homem cujos escritos o credenciaram a uma posição social eminente, mas cujos infortúnios reivindicam certo grau de compaixão."[47]

James Boswell, o biógrafo de Samuel Johnson, era amigo íntimo do biografado. Assim, pôde basear-se em diários, escritos particulares, entrevistas e cartas — inclusive muitas delas trocadas com Johnson — para escrever o livro que o tornou célebre. "Atrevo-me a dizer que a *Vida* de meu venerado amigo será a mais rica biografia que já apareceu", anteviu. "E ele será visto como realmente era; pois não pretendo escrever seu panegírico, mas sua história de vida."[48]

Quatro décadas depois da publicação de *A vida de Samuel Johnson*, em 1832, o escritor e ensaísta escocês Thomas Carlyle, ele próprio escritor de biografias, sentenciou: "O livro de Boswell nos proporciona uma visão mais real da história da Inglaterra durante aqueles anos do que vinte outros livros, falsamente intitulados 'História' e que ostentam o mesmo objetivo".[49]

Apesar disso, Carlyle irá retroceder alguns passos no sentido de fazer da biografia um instrumento para desmitologizar e dessacralizar a figura do herói. Aliás, sua obra mais conhecida intitula-se, precisamente, *Os heróis*. "Propusemos discorrer um pouco convosco acerca dos homens superiores", registrou.[50]

"Vamos tratar de heróis, de como nós os acolhemos e de como eles nos aperfeiçoaram; enfim, do que eu chamo culto dos heróis e cultura heroica da humanidade", definiu Carlyle, que estabeleceu seis galerias desses "homens superiores", incorruptíveis. Os heróis da divindade, da profecia, da poesia, da religião, das letras e da realeza. Entre eles, Dante, Lutero, Napoleão e Rousseau. "A história do mundo é a biografia de grandes homens."[51]

Nada de explorar aspectos da vida íntima, imperfeições cotidianas, desvios de conduta, ambivalências próprias ao humano. Ao longo do século xix, a biografia irá se confundir quase completamente com essa perspectiva de culto a heróis idealizados. O que fará os historiadores de então — interessados em afirmar a cientificidade da história, nos mesmos moldes das ciências físicas e naturais — passarem a ver o gênero biográfico como contrafação ou, quando muito, um produto literário, não científico.[52]

*

As emergentes ciências sociais também negaram qualquer legitimidade à biografia. Na França, Émile Durkheim, o "pai da sociologia", afirmava que os processos históricos eram completamente independentes da ação individual. Os fatos sociais seriam exteriores aos indivíduos, impondo-se sobre eles de forma coercitiva, moldando-lhes as existências e os modos de agir. Tratava-se, portanto, de descobrir e estabelecer leis científicas que, acreditava-se, pudessem explicar as transformações históricas.[53]

O sociólogo, historiador e economista François Simiand, discípulo de Durkheim, sugeriu exterminar os três "ídolos" que condenariam os estudos históricos ao atraso: o "ídolo político", o "ídolo cronológico" e o "ídolo individual". "Por que não eliminar por completo, pelo menos da história científica, esse esforço consagrado a biografias?", propôs.[54]

O marxismo, na mesma toada, descredenciou a ação do indivíduo como objeto de análise, privilegiando os sujeitos coletivos e as grandes estruturas — sobretudo econômicas — que condicionariam a existência humana. As trajetórias singulares nada significariam diante das condições materiais que as determinavam. "Os homens fazem a sua própria história; contudo, não a fazem de livre e espontânea vontade, pois não são eles que escolhem as circunstâncias sob as quais ela é feita, mas estas lhes foram transmitidas assim como se encontram", escreveu o próprio Marx.[55]

A biografia adentrou o século XX padecendo do conceito de gênero menor e simplista, embora autores reconhecidamente "sérios", como o inglês Lytton Strachey e o francês André Maurois, tenham se dedicado a ele com afinco. Strachey, autor de uma narrativa biográfica da rainha Vitória, publicada em 1921, ganhou o prêmio James Tait Black, um dos mais tradicionais da Inglaterra, e arrebatou elogios de Virginia Woolf: "Um experimento ousado, realizado com habilidade magnífica. [...] Ele [Strachey] nos mostrou o caminho pelo qual outros podem avançar".[56]

Maurois, membro da Academia Francesa, biógrafo de Voltaire, Balzac e Byron, chegou a publicar um livro sobre o gênero, *Aspectos da biografia*, reunião de conferências ministradas por ele em 1928, no Trinity College, de Cambridge. Nos textos, alertava para algumas das maiores dificuldades inerentes ao ofício: conciliar os rigores da pesquisa documental com a busca de prazer estético; dar conta da complexidade humana com base em documentos, não necessariamente fidedignos. "A biografia sempre será um gênero difícil. Exigimos dela os escrúpulos da ciência e os encantos da arte, a verdade sensível do romance e as mentiras eruditas da história", admitiu.[57]

Com o advento da Escola dos Annales, movimento historiográfico fundado na França em 1929 por Lucien Febvre e Marc Bloch em torno da revista *Annales d'historie économique et sociale*, o gênero biográfico sofreu nova onda de desprestígio. Ao desdenharem da *histoire événementielle* — aquela baseada no narrativismo e na factualidade, na enumeração dos acontecimentos —, os integrantes dos Annales propunham em seu lugar a "história--problema", essencialmente interpretativa.[58]

Fernand Braudel, um dos expoentes da segunda geração do movimento, diria que os acontecimentos não passam da "espuma do mar da história", enquanto Febvre ridicularizava, sem concessões, os que adotavam a narrativa como forma de escrita: "Fazem história do mesmo modo que suas avós se dedicavam à tapeçaria. Pontinho por pontinho".[59]

A biografia, por esse prisma, seria ainda menos do que isso. No máximo, mera bordadura, de qualidade inferior, praticada por gente considerada incompetente, superficial ou sem formação histórica, como jornalistas e literatos de baixa extração. Por isso, indigna de ser aceita nos meios acadêmicos e científicos, que viriam a ficar marcados pela hegemonia de estruturalistas, funcionalistas e marxistas.

A depreciação perdurou por longo tempo, a despeito do surgimento de obras-primas do gênero ao longo do século xx, como a biografia de Leon Trótski, escrita por Isaac Deutscher; a de Sigmund Freud, por Ernest Jones; a de Henry James, por Leon Edel; e a de James Joyce, por Richard Ellmann. Até hoje tal descrédito encontra eco, apesar de toda a discussão que vem sendo feita nas últimas décadas, em sentido contrário, por teóricos das mais variadas vertentes.

*

"Não contem à minha mãe que sou biógrafo, ela pensa que sou historiador", diz, em tom de blague, François Dosse, especialista em história das ideias, professor do Instituto de Estudos Políticos de Paris, autor de uma série de biografias de filósofos e historiadores, entre eles Paul Ricouer, Michel de Certeau, Gilles Deleuze, Félix Guattari e Pierre Nora.[60] Certa vez, ao ser indagado por qual motivo resolveu dedicar-se ao gênero biográfico, respondeu: "Pelo gozo da transgressão".[61]

Dosse — autor também de *Renascimento do acontecimento*[62] — tem se empenhado em discutir como a narrativa e o gênero biográfico, em vez de formas espúrias de escrita histórica, podem representar um rico campo de experimentação para os historiadores. Nas palavras do próprio Dosse, depois do "eclipse" acadêmico a que foi submetida, a biografia teria voltado a ser "reivindicada pela musa da história": "Derrubado o muro, assistimos a uma verdadeira explosão biográfica que se apossa dos autores e do público, num acesso de febre coletiva".[63]

Costuma-se citar célebre texto do historiador britânico Lawrence Stone, publicado em 1979, como um dos marcos fundadores dessa reabilitação. Em "O ressurgimento da narrativa", Stone dizia ter captado uma disposição de retorno à narrativa por parte dos profissionais da história, sintoma que se fazia acompanhar de uma idêntica revalorização da elegância e da fluidez do texto. "Vejo sinais de uma tendência subterrânea", definiu.[64]

No cerne do fenômeno, por um lado, estaria a desilusão com os grandes sistemas interpretativos da sociedade, derivados do marxismo e do estruturalismo — e a consequente redescoberta das subjetividades e do indivíduo. Por outro, o desejo de expandir o conhecimento histórico para fora dos muros das universidades: "O sucesso de periódicos históricos populares [...] demonstra que existe um grande público disposto a ouvir, e os 'novos historiadores' agora estão ansiosos em falar para essa audiência".[65]

Os "novos historiadores" aos quais se referia Stone eram os integrantes da terceira geração dos Annales, a exemplo de Georges Duby, Emmanuel Le Roy Ladurie e Jacques Le Goff. Por meio deles, o que antes era uma "tendência subterrânea" aflorou à superfície. Em um de seus livros mais conhecidos, Duby debruçou-se sobre um acontecimento específico, uma batalha campal ocorrida em certo domingo, 27 de julho de 1214, em Bouvines, na França.[66] Ladurie reconstituiu em detalhes o cotidiano dos montanheses e pastores de Montaillou, pequena aldeia situada no alto da cordilheira dos Pirineus.[67] Le Goff foi mais longe: escreveu uma biografia, a de São Luís.[68] "A biografia é o ápice do trabalho do historiador", definiu.[69]

Cada um dos três, a seu modo, contribuiu para o ressurgimento da narrativa. "Propunha-me [...] também a compartilhar com os leitores uma emoção, aquela mesma que eu experimentara no momento em que, vasculhando entre os vestígios mortos, julgara ouvir novamente vozes extintas", declarou Duby, ao se dizer preocupado com a recepção pública da obra e com a quebra da rigidez acadêmica.[70] "Sou um daqueles [...] que pensam que nosso dever é colocar os resultados de nosso trabalho ao alcance do auditório o mais vasto possível."[71]

Ladurie, por sua vez, recorreu a interrogatórios inquisitoriais para proceder a uma espécie de etnografia do passado, aproximando a história da antropologia. Com isso, abriu caminho para a chamada micro-história, perspectiva metodológica que logo teria larga expansão a partir da Itália, especialmente com o trabalho de Carlo Ginzburg e Giovanni Levi.[72] Um dos clássicos do gênero, *O retorno de Martin Guerre*, da historiadora norte-americana Natalie Zemon Davis, tornou-se best-seller e foi parar nas telas do cinema, com o ator Gérard Depardieu no papel principal.[73] Trata-se da surpreendente história de um camponês que, depois de sumir do vilarejo no qual vivia, foi substituído na própria casa por um impostor, que lhe roubou a identidade, as terras e até mesmo a esposa.[74]

Em todos os casos, além do cuidado com o aspecto narrativo, estava patente o esforço de analisar o papel de homens e mulheres, célebres ou anônimos, em determinadas situações históricas, para avaliar as reciprocidades e os impactos mútuos entre indivíduo e contexto. "O historiador olha para a humanidade através de um binóculo; o biógrafo coloca homens individuais sob uma lupa", escreveu o escritor e crítico literário inglês Sidney Lee, em *Principles of Biography*. "A história pode ser comparada à mecânica, a ciência que determina o poder dos corpos na massa. A biografia, à química, a ciência que analisa as substâncias e as decompõe em seus elementos constituintes."[75]

Como apontou a historiadora italiana Sabina Loriga, professora da École des Hautes Études en Sciences Sociales, em Paris, ao concentrar-se na análise das grandes estruturas e categorias macro-históricas — Estado, povo, nação —, os historiadores teriam, durante longo período, "desertificado o passado". "Se tivesse que resumir em algumas palavras o que fiz nos últimos anos, talvez dissesse que recolhi pensamentos para repovoá-lo", disse Loriga.[76]

Repovoar o passado — eis um bom desafio para a biografia e para os biógrafos. Portanto, mãos à obra.

2. O que quer e o que pode a biografia?

A caneta do novelista é um instrumento delicado. Se o biógrafo segura algo parecido com aquela caneta em uma das mãos, ele tem que empunhar uma pá com a outra. Seu minério não é a experiência interior, a substância veloz prateada de glândula e nervo. É matéria bruta, arrancada da terra. O biógrafo deve ser uma espécie de animal bifurcado, escavador e sonhador; pois a biografia é um amálgama impossível: meio arco-íris, meio pedra.

Paul Murray Kendall

Ao biógrafo, impõem-se duas questões prévias. Quem é biografável? Quem biografar? As respostas, é claro, tendem a variar de acordo com as áreas de interesse do autor. Ruy Castro dá ênfase aos cenários cariocas; Fernando Morais, à esfera política. No meu caso, as escolhas podem aparentar ter sido, mais do que aleatórias, erráticas — para não dizer esdrúxulas. Afinal de contas, nada parece existir em comum entre figuras históricas tão diversas quanto José de Alencar e Getúlio Vargas, Maysa e Padre Cícero, Castello Branco e Rodolpho Theophilo.

Certa vez, um amigo sociólogo, respeitável professor universitário, recriminou-me pelo fato de, segundo ele, "ficar pulando de galho em galho, feito macaco na floresta". De fato, quando comecei a dedicar-me à pesquisa do passado, não estabeleci um diagrama inicial, coerente e refletido. Não demarquei um território temático no qual viesse a circunscrever meu trabalho. Ainda assim, quando olho para trás e analiso a sequência dos livros que produzi, constato pontos de ligação entre eles.

Em primeiro lugar, sempre fui movido por aquilo que Carlo Ginzburg chama de "euforia da ignorância": a sensação de não saber absolutamente nada sobre um assunto, mas a partir de determinado momento estar disposto a aprender, com disciplina e avidez, o máximo possível a respeito dele. "O intenso prazer inerente a esse momento contribuiu para impedir que eu me tornasse um especialista, que aprofundasse um campo limitado de estudos", revelou o autor de *O fio e os rastros*.[1]

Outra circunstância determinante em minhas escolhas tem relação com um traço pessoal compartilhado por todos os meus biografados, mesmo que eles pareçam tão distantes entre si no tempo e no espaço. Cada um a seu modo, uns mais, outros menos, todos eram indivíduos ambíguos, assolados por contradições pessoais. Em vida, ou mesmo depois das respectivas mortes, foram, e persistem sendo, alvo de controvérsias, capazes de despertar amores e ódios, simpatias e aversões.

Recusar o maniqueísmo parece-me um bom critério inicial para nortear qualquer pretendente a biógrafo. Quanto mais forem exploradas as dubiedades do biografado, mais chances de vir a se escrever um bom livro sobre ele. Optar por retratar almas supostamente imaculadas, de caráter exemplar e moral ilibada, pode até ser recomendável para perpetrar uma tediosa hagiografia. Mas dificilmente resultará em um relato biográfico de real valor e interesse. "Arre, estou farto de semideuses/ Onde é que há gente no mundo?", indagava, a propósito, Álvaro de Campos, heterônimo do poeta português Fernando Pessoa.[2]

Rastrear percursos harmoniosos, trajetórias lineares, itinerários sem percalços — se algo assim é possível, no mundo real — também não é aconselhável no exercício biográfico. Para insistir na citação ao "Poema em linha reta", de Pessoa, partamos do princípio de que não existe quem nunca tenha "levado porrada" e "que têm sido campeões em tudo". Também não há quem, em determinados momentos da vida, não tenha sido "vil, literalmente vil/ Vil no sentido mesquinho e infame da vileza".

Isso pode nos levar a questão paralela: é possível biografar alguém que não se admire? Desde que não entendamos o ofício como um ensaísmo de pedagogia moral, um panegírico ao indivíduo virtuoso, obviamente sim. O historiador Ian Kershaw não precisou admirar Adolf Hitler para escrever uma das mais sólidas e reveladoras narrativas sobre o líder nazista. Do mesmo modo, nunca tive particular afeição pelo ditador Castello Branco. Quando me dispus a biografá-lo, não estava tomado pelo sentimento de estima e deferência, mas empenhado em entender as circunstâncias históricas que guindaram o até então desconhecido marechal ao poder.

Lytton Strachey, em *Eminent Victorians* [Vitorianos eminentes], biografou personagens considerados por ele moralmente questionáveis. Com isso, demonstrou que os seres humanos são sempre mais complexos do que aparentam à superfície. Ao biógrafo, Strachey recomendava uma estratégia capital no trato da documentação: "Ele remará sobre aquele grande oceano de material e descerá nele, aqui e ali, um pequeno balde, que trará à luz do dia algum espécime característico das profundezas para ser examinado cuidadosamente".[3]

Nessa navegação em águas profundas, a colheita pode surpreender quem se dispôs a remar sobre elas. "Quando comecei a me dedicar a Voltaire, eu não gostava nada desse senhor, embora admirasse o escritor e a civilização que ele encarnava", reconheceu Jean Orieux, biógrafo do filósofo francês.

Tinha a firme intenção de nada ocultar das suas velhacarias e baixezas, que tão insistentemente ouvira referir. Ora, quanto melhor fui conhecendo o personagem, menos severo me fui tornando em relação a ele. Tive, pois, que me informar, para melhor o compreender.[4]

É imprescindível, em todo caso, boa dose de fascínio — no sentido não do deslumbramento, mas do interesse vívido e sincero — pelo universo inerente à pesquisa. Impossível dedicar anos de investigação a um tema pelo qual não se tenha curiosidade e desejo de melhor entendê-lo. Isso vale não apenas para o gênero biográfico, mas para a produção de conhecimento em geral. Não acredito em pesquisa sem paixão. "A história é, antes de mais nada, um divertimento: o historiador sempre escreveu por prazer e para dar prazer aos outros", reconheceu Georges Duby.[5] "À história seca, fria, impassível, prefiro a história apaixonada. Inclinar-me-ia mesmo a considerá-la mais verdadeira."[6]

Uma vez aceito que biografia não é hagiografia, ressalvado que o deleite faz parte de qualquer investigação, caberia indagar se apenas as personalidades públicas de realce — estadistas, políticos e artistas, por exemplo — se prestam à escrita do gênero. Ora, rompido o paradigma do relato biográfico como exaltação dos "grandes homens", a resposta mais razoável só pode ser negativa. Embora pareça evidente que a maior parte do mercado editorial dê preferência aos biografados de renome, uma vereda fértil tem sido trilhada, nas últimas décadas, por pesquisadores do passado: escrever sobre homens e mulheres comuns, invisíveis ou invisibilizados às lentes da macro-história.

O exemplo mais notório partiu de um historiador: *O queijo*

e os vermes, de Carlo Ginzburg, livro que nos revela a história de Menocchio, um simples moleiro, pobre e anônimo, perseguido pela Inquisição por ter ideias pouco ortodoxas a respeito dos dogmas católicos. Ele negava a divindade de Cristo e a virgindade de Maria, contestava a hierarquia clerical e sustentava que o mundo se originara a partir de uma massa caótica de ar, terra, água e fogo, na qual, semelhante ao queijo no qual brotam fungos e vermes, teriam surgido os anjos e, entre estes, Deus.[7]

No prefácio à edição inglesa, Ginzburg escreveu:

> *O queijo e os vermes* pretende ser uma história, bem como um escrito histórico. Dirige-se, portanto, ao leitor comum e ao especialista. Provavelmente apenas o último lerá as notas, que pus de propósito no fim do livro, sem referências numéricas, para não atravancar a narrativa.

Completou: "Espero, porém, que ambos reconheçam nesse episódio um fragmento despercebido, todavia extraordinário, da realidade, em parte obliterado, e que coloca implicitamente uma série de indagações para nossa cultura e para nós".[8]

O livro, que une pesquisa e reflexão, narrativa e análise, tornou-se um best-seller, a exemplo de outros títulos da coleção Microhistorie, coordenada e publicada na Itália pelo próprio Ginzburg, em parceria com o colega Giovanni Levi. Os volumes da série comungam do mesmo intuito: reduzir a escala de observação, concentrando o interesse da investigação histórica na trajetória de indivíduos que nos ajudem a compreender toda uma época — seja por sua singularidade entre os demais contemporâneos, seja por sua representatividade de homem comum.

Esse é um objetivo possível de ser perseguido também por meio de biografias coletivas, a exemplo do que procurei fazer em *Uma história do samba*. Ali, a ideia consistia em demonstrar que a gênese de um gênero musical, como expressão cultural comunitária, não deve ser entendida como obra de alguns poucos gênios iluminados, mas como fruto de aglutinações e contribuições diversas, muitas delas anônimas.

Já em *Arrancados da terra*, outra biografia coletiva, quis compreender o drama dos judeus sefarditas que, perseguidos pela Inquisição, viveram em eterna deriva. Além dos dilemas individuais de Gaspar e Filipa Rodrigues, personagens que aparecem nos capítulos iniciais da obra e desencadeiam a narrativa, interessava-me refletir sobre a intolerância e o desterro, o preconceito e o exílio.

A rigor, ao se biografar alguém, biografa-se também seu contexto. "Nenhum homem é uma ilha,/ isolado em si mesmo./ Cada homem é um pedaço do continente,/ uma parte do principal", ensinava-nos o poeta e pregador inglês John Donne na célebre passagem de *Meditation XVII*.[9]

"A pergunta sobre o que vem primeiro — a sociedade ou o indivíduo — é como a pergunta sobre o ovo e a galinha", brincou o jornalista e historiador britânico Edward Hallett Carr.[10] Ele se referia à eterna discussão, bastante intensa nas ciências sociais e incontornável ao biógrafo: a existência de um indivíduo é determinada pelo ambiente no qual ele nasceu e viveu ou, ao contrário, existiriam certas características pessoais inatas que o singularizam e o tornam único? As ações pessoais são moldadas pela sociedade ou, pelo oposto, a sociedade é moldada pela ação das pessoas?

No artigo de Tolstói incluído como posfácio a *Guerra e paz* na edição brasileira, o autor esboçou o problema nos seguintes termos:

A contradição parece insolúvel: ao praticar uma ação, estou convencido de que eu a executo por meu arbítrio; ao examinar essa ação no sentido de seu envolvimento na vida geral da humanidade (em seu significado histórico), eu me convenço de que esta ação foi predeterminada e inevitável.

O escritor russo ilustrou o argumento com um exemplo prosaico: "Experimentando minha liberdade, posso erguer e baixar a mão com força, no ar. Fiz isso. Mas a meu lado está uma criança, eu ergo a mão acima dela e, com a mesma força, quero baixar a mão. Eu *não posso* fazer isso".[11]

De tal modo, concluiu Tolstói: "Portanto, existem dois tipos de ação. Um depende da minha vontade, o outro não". Detalhou: "quanto mais abstrata e, portanto, quanto menos nossa ação está ligada à ação de outras pessoas, tanto mais ela é livre e, ao contrário, quanto mais nossa ação está ligada à de outras pessoas, tanto menos livre ela é".[12]

O filósofo e historiador das ideias Isaiah Berlin, ao escrever sobre *Guerra e paz* — e em um alentado ensaio, "A inevitabilidade histórica" —, tratou do assunto com peculiar profundidade. A marcha dos acontecimentos históricos e o próprio comportamento humano obedecem a forças impessoais, fora do controle dos indivíduos? Ou são fruto de intenções conscientes, ditadas pelo livre-arbítrio e pela vontade dos homens?[13]

Para nosso propósito imediato — o de escrever biografias e outras narrativas não ficcionais —, a discussão importa-nos para refletir sobre a própria essência do gênero. Escrever sobre personagens reais pressupõe entender de que modo indivíduo e sociedade se impactam mutuamente; como a vida privada de alguém é condicionada pelas circunstâncias de seu tempo e espaço; e, ao mesmo tempo, o quanto as ações individuais influenciaram o meio no qual essa pessoa atuou.

Quando biografei Getúlio Vargas, estava interessado em compreender em que medida as ações do ex-presidente derivaram das circunstâncias da época e dos pressupostos de sua formação política. Em simultâneo, quis atinar para a forma como tais decisões resultaram em alterações políticas, econômicas e sociais, responsáveis não só por mudanças estruturais na vida nacional, mas também por modificações no modo de pensar e agir do biografado.

Do mesmo modo, ao me debruçar sobre a história do samba, quis entender como a conjuntura da época — fim da escravatura, migrações populacionais dos então recém-libertos, reformas urbanísticas no centro do Rio de Janeiro, ocupação dos morros e subúrbios, marginalização social dos afrodescendentes, surgimento do rádio e do mercado fonográfico, entre outros aspectos — possibilitou o aparecimento dos primeiros sambistas. E, em contrapartida, como estes foram absorvidos pela então nascente indústria do entretenimento no país, que, por sua vez, em um processo de circularidade cultural, seria fortemente moldada pela contribuição do samba.[14]

Em síntese, uma biografia precisa estar atenta às conexões — e tensões — entre indivíduo e contexto. Somos, assim, as circunstâncias de nosso tempo adicionadas às nossas peculiaridades subjetivas. Sabina Loriga estabeleceu uma curiosa equação para representar a ideia: "$A = a + x$", onde a conteria as conjunções externas, históricas, e x a contribuição pessoal. O resultado, A, seria o indivíduo, "tudo o que um homem é, possui e faz". A grande diferença, portanto, residiria no *Pequeno X*, título do livro no qual Loriga desenvolve instigantes reflexões sobre as relações entre história e biografia.[15]

"O conhecimento da época é indispensável para a compreensão do homem. Inversamente, no espelho de uma existência, refletem-se os problemas do tempo", sumariou o historiador francês Jean-Marie Mayeur, cuja tese de doutorado, na Sorbonne, foi uma biografia, a do padre e político Jules-Auguste Lemire.[16]

Nenhum biografado existiu no vácuo, em um vazio histórico,

desarticulado de tudo e de todos. Porém, na narrativa de uma vida, o contexto não pode se sobrepor ao personagem, sufocando-o, fazendo-o desaparecer em um tsunami de informações circunstanciais. Também não se trata de encaixilhar o personagem em uma espécie de enquadramento geral e fixo, no qual o contexto lhe sirva de moldura, meramente ornamental. Muito menos cair na tentação do "paradoxo do sanduíche", conforme definia o historiador britânico Charles Firth, autor de *The Life of William Cavendish*: ensanduichar o biografado entre camadas de recheio, "um pouco de contexto, um pouco de existência individual e outra camada de contexto...".[17]

O desafio é articular os nexos entre as duas esferas, sem que elas figurem estanques, desassociadas. O historiador brasileiro Benito Bisso Schmidt, um dos principais estudiosos do gênero biográfico no meio acadêmico nacional, dá o caminho da justa medida:

> a preocupação central dos biógrafos continua sendo desvendar os múltiplos fios que ligam um indivíduo ao seu contexto, sem cair nem no individualismo exacerbado (como nas biografias tradicionais), nem na determinação estrutural estrita (como nas análises marxistas e braudelianas).[18]

Se seu biografado desapareceu por mais de três ou quatro parágrafos do texto no qual você está trabalhando, desconfie. O contexto afogou-o. Se a narrativa ignora o que se passa em volta dele, por idêntica quantidade de linhas, fique alerta. "Não se pode mais ter o ovo sem a galinha, assim como não se pode ter a galinha sem o ovo", lembra-nos Carr. "O homem civilizado, o homem primitivo, é modelado pela sociedade tão eficazmente quanto a sociedade é modelada por ele."[19]

* * *

A essa altura, é impossível ignorar uma das críticas mais contumazes lançadas contra os biógrafos. Biografar constituiria uma farsa, uma mentira, um absurdo científico. A biografia seria um empreendimento ilusório, de saída fadado ao fracasso. A matriz da condenação está no texto "A ilusão biográfica", publicado em 1986, pelo sociólogo francês Pierre Bourdieu, na revista *Actes de la Recherche en Sciences Sociales*, de Paris.[20] É, sem dúvida, um dos textos mais citados pelos detratores do gênero. Mas, talvez, um dos menos lidos — ou menos compreendidos.

O que Bourdieu recrimina — e com toda a razão — é a ideia ingênua de que uma existência pressupõe "um todo, um conjunto coerente e orientado, que pode e deve ser apreendido como expressão unitária de uma 'intenção' subjetiva e objetiva, de um projeto [pessoal]".[21] Ora, todos sabemos que a vida de qualquer indivíduo é muito mais fragmentária, desorganizada, ilógica, múltipla, aleatória e caótica do que uma historinha linear e ordenada, com começo, meio e fim. Nisso, temos que concordar com Bourdieu.

Não há, portanto — e nisso Bourdieu continua a ter absoluta razão — nenhum projeto pessoal determinado a priori, nenhuma unidade de sentido em uma vida, como querem alguns biógrafos, que procuram apontar o destino de seus biografados como algo já estabelecido desde a infância. Um devir a ser cumprido e palmilhado, cronologicamente, etapa após etapa. Bourdieu, de forma aguda, alertava para as consequências epistemológicas, mas também políticas, desse tipo de perspectiva teleológica, determinista.

A propósito, Leal de Sousa, um dos biógrafos oficiais de Getúlio Vargas, trabalhando a soldo do departamento de propaganda oficial do Estado Novo, escreveu: "O menino que crescia em São Borja tinha a predestinação de elaborar uma ordem nova". Ao descrever as origens do biografado, argumentava:

Nesse ambiente, em que as reminiscências heroicas predispõem o cidadão à intransigência no cumprimento dos deveres cívicos, numa terra sem luxo, entre gente sem vícios, no isolamento agreste das virtudes inflexíveis, desabrochou a infância e floriu a juventude de Getúlio Vargas.[22]

Desculpem-me por reproduzir a verborragia de Leal de Sousa. A escrita biográfica pode perfeitamente romper com essa lógica linear, explorando descontinuidades, acasos e incoerências de determinada existência. O biógrafo consciente de seu ofício há de esquivar-se às armadilhas próprias ao gênero. Além de escapar ao determinismo biográfico, compete a ele demonstrar que o biografado é, como todos nós, um indivíduo múltiplo e fragmentado, em permanente transmutação, por vezes disparatado, incoerente, contraditório.

É preciso, quando menos, dar ouvidos ao escritor português José Saramago:

> O nosso grande engano, devido ao costume que temos de tudo explicar retrospectivamente em função de um resultado final, portanto conhecido, é imaginar o destino como uma flecha apontada diretamente a um alvo que, por assim dizer, a estivesse esperando desde o princípio, sem se mover.[23]

Quanto a Bourdieu, ele próprio se utilizou da narrativa biográfica para organizar um belo livro, *A miséria do mundo*, publicado quase dez anos depois do famoso e provocativo artigo. Trata-se de uma coletânea de narrativas de histórias de vida, elaboradas com base em entrevistas com cidadãos em estado de vulnerabilidade social, como operários e sem-teto.[24]

Pouco mais tarde, em *Esboço de autoanálise*, ele passou em revista a própria trajetória pessoal e acadêmica, remontando à infância e ao ambiente familiar.[25] "Isto não é uma autobiografia", advertiu, logo de início, sugerindo uma inevitável analogia com o enigma lançado por René Magritte, que, ao desenhar um cachimbo, escreveu, bem abaixo da imagem: "Isto não é um cachimbo".

Tem crescido o número de cientistas e pesquisadores sociais — nas áreas de educação, estudos de gênero e pensamento pós-colonial, por exemplo — que utilizam e incentivam a produção de narrativas de vida como método de análise e investigação. Questionam, desse modo, os modelos totalizantes da história, recolhendo relatos de experiências e saberes de representantes das minorias sociais, étnicas e sexuais.

Há, portanto, diversas formas de encarar o desafio biográfico como tentativa de representação e interpretação da realidade. As mais cômodas seriam, de um lado, continuar adotando o modelo positivista, anedótico e anacrônico denunciado, em boa hora, por Bourdieu. De outro, negar, de todo, a biografia como possibilidade de conhecimento e de escrita legítima da história. Mais difícil — e estimulante — será sondar o terreno e experimentar outras possibilidades, mais criativas e complexas, para o gênero. Foi pensando nisso que escrevi este livro. Prossigamos na busca.

Há quem também, do mesmo modo, julgue a biografia uma empresa impossível, mas por motivo diverso. "As biografias são apenas as roupas e os botões da pessoa; a vida da própria pessoa não pode ser escrita", formulou o escritor norte-americano Mark Twain.[26] O romancista português António Lobo Antunes concorda: "Gosto muito de ler biografias, mesmo sabendo que elas não biografam nada. Contam factos, acumulam testemunhos, relatam acontecimentos, mas é tudo por fora, e saio delas sem conhecer um pito da pessoa a que o livro se refere".[27]

Por esse juízo, os abismos da alma seriam insondáveis à investigação biográfica, impenetráveis à escrita de não ficção. Somente a literatura, com seu poder simbólico e sua capacidade sensível de mergulhar nos desvãos psicológicos do indivíduo, conseguiria a proeza. Tal entendimento levou Virginia Woolf a afirmar: "O romancista goza de liberdade, o biógrafo é manietado".[28] Premido pelos fatos, delimitado pela documentação, o texto biográfico — e, por extensão, a narrativa histórica — estaria sempre aquém de compreender as motivações subjetivas e mais profundas das ações humanas.

André Maurois, que se dedicou aos dois ofícios — escreveu tanto romances quanto biografias —, deparou-se com o dilema: "Quando se trata de um morto, cujos ossos jazem em algum caixão de madeira ou cujas cinzas jazem em uma urna, imagens e pensamentos despareceram para sempre e a pesquisa mais paciente nos revelará apenas poeira".[29] Maurois comparou a busca do biógrafo à de quem tenta pôr a mão no ombro transparente de um fantasma.

A vida visível do personagem, consubstanciada em documentos e em testemunhos de terceiros, é tangível. Mas a vida interior, mesmo que às vezes pareça se materializar em diários, cartas e memórias, seria impossível de alcançar. Mesmo os documentos mais íntimos e confessionais seriam suspeitos. A cantora Maysa mentia para os próprios diários, pude constatar em vários momentos da pesquisa quando escrevia sua biografia.

Getúlio Vargas, que ao longo de vários anos também registrou seu dia a dia, sabia que aquelas páginas, mais cedo ou mais tarde, seriam lidas pela posteridade. A caligrafia bem cuidada, sem rasuras, como se passada a limpo, é um indício sutil, mas significativo. Ao construir a narrativa de si mesmo, sóbria e comedida, o ex-presidente zelava pela autoimagem, aquela que desejava viesse a sobreviver à sua própria morte.[30]

Sim, os documentos são fugidios. "Sentimos que abaixo deles, mais profundo do que eles, deveríamos ter conhecido algo mais", lamentava Maurois. "É nessa impossibilidade de realizar a síntese da vida interior e da vida aparente que reside a inferioridade do biógrafo sobre o romancista."[31] Malgrado a constatação, aparentemente desalentadora para nós, Maurois não considerava a biografia um esforço inútil. Pelo contrário, considerava-a premente e necessária.

> Entendemos muito bem como um romancista constrói seus personagens; ele os forma a partir de sentimentos que se controlam como as engrenagens de uma máquina bem-feita; se o romancista tem gênio, a máquina está tão bem coberta de carne que se torna quase invisível, mas no entanto é uma máquina; e o herói mais complexo de um romance o é infinitamente menos do que o mais simples dos homens.[32]

Outro biógrafo francês a refletir sobre a própria prática, Jean Orieux dizia estar justamente nisso a relevância do gênero: "Não se trata de uma simples busca por conhecimentos, mas de transformar conhecimentos mortos num homem vivo".[33]

Para dar cabo da tarefa, além de vasta documentação, o autor de biografias precisaria contar com o auxílio da intuição e da criatividade — "o que de forma alguma significa fantasia", acautelava Orieux.[34] "Se o biógrafo não pode penetrar na vida interior de seus personagens, pode, ainda assim, explorar seus mistérios", considera François Dosse, para quem o biógrafo, sem apelar para a ficção, torna-se autor de um "romance real", na expressão tomada de empréstimo ao historiador Paul Veyne.[35]

Não por acaso, costuma-se admitir que a biografia é um gênero híbrido, zona de fronteira entre a escrita histórica e o fazer literário. Quando falamos em fronteiras, tendemos a imaginar, por definição, linhas divisórias imaginárias que separam territórios ou impõem limites entre eles. Prefiro entendê-las como zonas de transição e convergência, porque capazes de absorver e incorporar influências comuns e características mútuas. "A biografia constitui […] o canal privilegiado através do qual os questionamentos e as técnicas peculiares da literatura se transmitem à historiografia", observa o historiador Giovanni Levi.[36]

"A biografia representa a imaginação limitada pelo real", afirmava por sua vez o escritor norte-americano Paul Murray Kendall, enquanto seu colega britânico Desmond MacCarthy dizia ser o biógrafo um "artista sob juramento".[37] Mas se os vestígios de que dispõe o autor de biografias são inevitavelmente falhados, restolhos parciais de um todo que se perdeu para sempre, outra não é a situação com que se confronta o historiador. Por isso mesmo, o filósofo francês Paul Ricœur definiu a operação historiográfica como uma espécie de "ilusão controlada".[38]

O ofício dos historiadores estaria regulado pelo arquivo, pelos traços do passado que escaparam ao pó e chegaram ao presente. Tais evidências não podem ser inventadas, fantasiadas, são provas de um real acontecido. Mas, ao serem coletadas e escolhidas como fontes historiográficas, passam a ser dotadas de um sentido que lhes é atribuído pelo olhar e pelas perguntas feitas pelo historiador.[39]

Não se deve confundir isso, é claro, com um relativismo cínico, baseado em negacionismos, falseamentos, fake news e "fatos alternativos", como fez a conselheira do ex-presidente norte-americano Donald Trump, Kellyanne Conway, ao afirmar, contra todas as evidências, que a cerimônia de posse do chefe tinha sido a mais concorrida de todos os tempos.

"Toda história é narrativa", concluiu Ricœur, contrapondo-se à perspectiva inicial dos Annales. Favor não confundir aqui também o termo *narrativa* com o uso vulgar e distorcido que vem sendo feito dele, no sentido de mentira ou versão fraudulenta. Narrar, com base em fontes históricas, é também analisar, dando forma e sentido ao tempo vivido. O texto histórico não é o próprio passado, mas uma tentativa de reconstrução dele, uma refiguração — e não uma reconstituição —, ordenada pela imaginação interpretativa do investigador a partir de indícios, resquícios, sinais.

"Nosso conhecimento do passado é inevitavelmente incerto, descontínuo, lacunar: baseado numa massa de fragmentos e de ruínas", definiu Ginzburg.[40] No próximo capítulo, ao discorrer sobre os métodos da fase de investigação da obra biográfica, tentarei apontar algumas possibilidades de leitura criativa, e ao mesmo tempo rigorosa e crítica, desses fios e rastros.

3. Por onde começar a pesquisa?

O biógrafo deve ter paciência para peneirar montes de poeira de papéis escritos e impressos. Ele deve ter o discernimento para interpretar o que peneirou e a capacidade de dar forma à essência de suas descobertas.

Sidney Lee

Uma vez definido o biografado ou a biografada, por onde começar a pesquisa para escrever sobre ele ou ela? Essa é uma das perguntas que mais me fazem alunos e colegas interessados em dedicar-se ao gênero. A resposta me parece óbvia: lendo tudo aquilo de relevante já escrito sobre o personagem. Nos meios acadêmicos, sabemos, chama-se a isso revisão bibliográfica. A diferença é que, ao contrário do exigido em uma monografia de graduação, dissertação de mestrado ou tese de doutorado, o levantamento da literatura preexistente, o dito "estado da arte", não constará de um enfadonho capítulo introdutório.

Quando decidi escrever sobre Getúlio Vargas, o primeiro ano

de trabalho foi consumido em organizar — e devorar — uma bibliografia básica. Diante da quantidade de material, tive de proceder, é claro, a uma hierarquização criteriosa das fontes secundárias. Dispensei-me de ler certos estrupícios, como uma suposta biografia de Getúlio psicografada por Eça de Queirós.

Não pude me furtar, contudo, a conferir as diferentes perspectivas dos muitos biógrafos anteriores, fossem eles hagiógrafos ou detratores do ex-presidente. Além disso, há inúmeros estudos acadêmicos sobre a chamada era Vargas, lastreados nas mais diferentes abordagens, políticas, econômicas ou sociológicas. Precisei acessar os mais expressivos, vasculhando repositórios e revistas científicas. A partir das referências citadas por outros autores, chega-se a uma lista dos livros e artigos a terem prioridade de consulta. Há de se ler muito, inclusive textos por vezes maçantes, burocráticos, mal escritos.

"Fazer uma bibliografia significa procurar aquilo de que não se conhece ainda a existência", ensinava Umberto Eco. "O bom investigador é aquele que é capaz de entrar numa biblioteca sem ter a mínima ideia sobre um tema e sair de lá sabendo um pouco mais sobre ele."[1] A sentença remete à "euforia da ignorância" da qual falava Carlo Ginzburg, que admitiu não saber nada sobre bruxas e feiticeiras antes de escrever *História noturna: Decifrando o sabá*. "Meu primeiro gesto (depois repetido muitíssimas outras vezes, para outros temas de pesquisa) foi o de procurar o verbete 'feitiçaria' na *Enciclopédia italiana* para obter informações elementares."[2]

Em trabalhos acadêmicos, recomenda-se que o pesquisador parta de uma pergunta central, a formulação de um "problema" a ser respondido e resolvido pela investigação. Na escrita de uma narrativa de não ficção, mais uma vez, não é muito diferente. Parto sempre de questões norteadoras, que me conduzirão ao longo do trabalho. "Como um general que se dizia contrário à participação dos militares na política assumiu a presidência após o golpe de 1964?", indaguei-me a respeito de Castello Branco.

No decurso do processo de investigação, outras questões irão surgir. Ian Kershaw, biógrafo de Hitler, diz ter partido de duas perguntas prévias para biografar o líder nazista: "Como pôde um desajustado tão bizarro chegar a tomar o poder na Alemanha, um país moderno, complexo, economicamente desenvolvido e culturalmente avançado?", foi a primeira. "Como conseguiu então dominar tão rapidamente as elites políticas estabelecidas, levar a Alemanha a uma aposta de alto risco catastrófico pelo domínio da Europa?", a segunda.[3]

O norte-americano Leon Edel, autor de uma biografia do escritor Henry James em cinco volumes, afirmava: "Se alguém aborda um arquivo com as perguntas certas, carrega uma série de chaves importantes para portas trancadas. As portas certas se abrirão se as perguntas certas forem feitas; as montanhas de trivialidades se derreterão e as essências emergirão".[4]

É o momento de percorrer sebos físicos e virtuais, garimpar títulos já esgotados, fora de catálogo. Tarefa facilitada quando as lojas dispõem de catálogos informatizados e índices de classificação bem organizados. Mas nada substitui a sensação de entrar em um sebo desordenado, sem rígido controle de estoque, para se deixar perder pelas fileiras de prateleiras e estantes. É lá que estão as preciosidades a serem descobertas e compradas a preço convidativo. Em minhas incursões, já topei com relíquias: edições originais de romances de Alencar publicados pela Garnier, vinis raros de Maysa, títulos pouco conhecidos de Rodolpho Theophilo.

É evidente, mas não custa reforçar: jamais devemos confiar na memória. As leituras precisam ser acompanhadas por minucioso registro de informações e ideias. Aquilo que, nos circuitos universitários, recebe o nome de fichamento. É preciso deixar clara a origem de cada dado (nome do autor, título da obra e número da página, nessa ordem), para que depois se saiba de onde aquilo foi extraído. Todas as vezes que tentei subverter a regra básica e deixar a anotação para mais tarde, prosseguindo nas leituras, acabei por desperdiçar bastante tempo para recuperar esta ou aquela referência perdida.

De início, costumava comprar vários cadernos, para os quais transferia as anotações, após sublinhar e fazer comentários às margens dos livros consultados — os volumes de minha biblioteca de trabalho estão todos coalhados de garranchos, setas e sinais gráficos (pontos de exclamação para trechos importantes, interrogações para dúvidas e incertezas, desenhos de estrelas e asteriscos para insights e possíveis citações). "Não esquecer disso", "Importante", "Talvez dê boas aspas", assinalo.

Destinava uma parte dos cadernos para fichamentos temáticos, outra para esboçar linhas do tempo, reservando certa quantidade de folhas para cada ano de vida do biografado, separando-as por meses e, para maior detalhamento, dias. Criava, assim, uma espécie de "agenda" histórica do personagem, à qual retornava sempre que necessário para incluir novo apontamento.

Tempos depois, passei a trabalhar com pastas virtuais arquivadas na memória do computador, antes da possibilidade do armazenamento em nuvem. Elas reproduziam a mesma lógica dos cadernos, embora em outro suporte, digital. Ao final de um livro, quase sempre precisava substituir o PC, que mesmo com a ajuda de todos os disquetes, CDs e drives externos, não conseguia suportar a carga e dar conta do conteúdo armazenado.

Hoje, utilizo um programa específico de gerenciamento de documentos, notas e metadados com backups salvos na nuvem. Nele, posso simular digitalmente uma profusão de fichas, cadernetas e cadernos, estabelecendo múltiplos critérios de organização para o posterior e imediato acesso às informações. Porém, estabelecer a cronologia de uma história continua a ser, para mim, o princípio básico de organização. No momento da escrita, irei subverter a suposta ordem linear dos acontecimentos, com flashbacks e flashforwards, conforme detalharei no próximo capítulo, que tratará da fase da escrita.

No caso de Getúlio, a exploração bibliográfica prosseguiu ao longo dos cinco anos de empreitada. Não creio que haja um momento no qual a pesquisa seja dada por encerrada — e então se comece a só escrever. São tarefas, a partir de certo ponto, paralelas e simultâneas. A produção do texto irá suscitar contínuas interrogações e lacunas, tornando necessários novos regressos às fontes. Só ao final dos primeiros doze meses de leitura sobre a era Vargas julguei deter uma visão preliminar e panorâmica sobre o biografado e sua época. Consegui, com aquele voo de pássaro sobre um terreno a ser palmilhado em seguida com mais vagar, estabelecer uma cronologia razoavelmente delineada, essencial para organizar o roteiro prévio da obra.

É certo que, pela magnitude da figura histórica de Getúlio, a fase inicial mostrou-se longa e exaustiva. Entretanto, mesmo no caso de personalidades sobre quem até então pouco se escrevera — Maysa, por exemplo —, jamais consegui dar início à pesquisa de campo sem antes construir, com base nas leituras prévias, o esqueleto, ou pelo menos a coluna vertebral, do futuro livro. Uma estrutura flexível o suficiente para ser adaptada, quando necessário, ao longo da investigação.

Munido de fichas temáticas e anotações de leitura, só então parto para um segundo momento, a pesquisa hemerográfica, uma de minhas fases prediletas em qualquer projeto.

Até bem pouco tempo, era imperativo consultar o acervo físico de bibliotecas públicas e privadas. Sair estrada afora. Viajar ao Rio de Janeiro para frequentar os salões, corredores e escadarias dos prédios em estilo neoclássico da Biblioteca Nacional, na avenida Rio Branco, e do Arquivo Nacional, na praça da República, era parte indissociável do trabalho de qualquer investigador brasileiro.

Não é mais necessário folhear calhamaços empoeirados e quebradiços de periódicos antigos, nem manejar bobinas e caixas de microfilmes riscados e de baixa legibilidade. Como as principais instituições do gênero passaram a oferecer acesso digital aos respectivos acervos, é possível fazê-lo de casa, do próprio computador pessoal. Isso representa enorme economia de tempo e dinheiro antes investidos em viagens e deslocamentos.

A facilidade do acesso on-line — e a possibilidade de utilização de ferramentas de busca por palavras-chave — não anula a complexidade da pesquisa hemerográfica. É preciso treinar o olho para identificar não apenas o pano de fundo dos acontecimentos, registrados em reportagens, artigos e matérias mais longas. Uma leitura apurada de velhos jornais é capaz de revelar detalhes e nuances que, se bem utilizados, nos ajudam a reconstituir toda uma época. Os informes publicitários, os anúncios classificados, as charges, as caricaturas, as notícias miúdas, as fotografias, as crônicas de costumes, os faits divers fornecem matéria-prima em abundância ao pesquisador. Por meio desses registros fragmentários, captamos os usos e costumes de um tempo.

É preciso estar atento ao fato de que essa história "contada a quente", "no calor da hora", pelos jornais e jornalistas, não necessariamente corresponde ao ocorrido. Nunca será demais lembrar que, como qualquer outro tipo de documentação, os textos de imprensa não são fontes inidôneas. Não existem documentos que não tenham sido produzidos a partir de determinado lugar de interesse. Por isso, têm que ser lidos e analisados com senso crítico. A produção da notícia está sujeita às contingências editoriais e às idiossincrasias do repórter. A decantada objetividade jornalística, logicamente, é um mito.

Mesmo à autodeclarada imparcialidade dos modernos veículos de comunicação — que dizem zelar pelo expediente de sempre "ouvir o outro lado" — podemos objetar o exemplo irônico proposto pelo historiador Marc Bloch: "Se o vizinho da esquerda vos disser que duas vezes dois são quatro e o da direita que duas vezes dois são cinco, não ireis por isso concluir que duas vezes dois são quatro e meio".[5]

Lidas com olhar crítico, as minudências dos textos de jornais e revistas de época podem oferecer um extraordinário colorido à narrativa de não ficção. Especialmente quando é possível contrapor versões distintas do mesmo episódio, abordado de forma contrária por publicações de linhas editoriais divergentes. Não para insinuar ao leitor que "duas vezes dois são quatro e meio", mas para construir um texto polifônico, em que haja a presença de vozes discordantes e variados pontos de vista.

Italo Calvino definia esse estratagema como "multiplicidade". Em *Seis propostas para o próximo milênio*, ele o considerava uma das características necessárias para a palavra escrita sobreviver em uma era na qual a explosão das imagens se tornou hegemônica. "Hoje em dia não é mais pensável uma totalidade que não seja potencial, conjectural, multíplice", observava Calvino. "Há o texto unitário, que se desenvolve como o discurso de uma única voz", detalhava, e "há o texto multíplice, que substitui a unicidade de um eu pensante pela multiplicidade de sujeitos, vozes, olhares sobre o mundo."[6]

Uma boa narrativa, inclusive biográfica, precisa contemplar essa simultaneidade de perspectivas discordantes. Por isso, toda a busca documental tem de estar atenta ao que Calvino chamava de "rede crescente e vertiginosa" de sentidos "divergentes, convergentes e paralelos". Um filme se tornou o paradigma da utilização desse tipo de recurso narrativo: *Rashomon*, dirigido em 1950 pelo cineasta japonês Akira Kurosawa, adaptação de dois contos do escritor, também nipônico, Ryunosuke Akutagawa. Um único episódio, o estupro de uma mulher e o assassinato de seu marido, é contado, em flashback, por meio de quatro depoimentos discrepantes.

Tanto a ideia de Calvino quanto o filme de Kurosawa nos remetem ao conceito de "heteroglossia" [*hetero*: diferente; *glossia*: língua], estabelecido pelo teórico russo Mikhail Bakhtin: a interação — e a tensão — de múltiplas falas dentro de um mesmo sistema linguístico, condicionadas por diferentes valores, significados e visões de mundo. Bakhtin identificou tal atributo nos romances de Dostoiévski, nos quais os personagens, antagônicos, expressam pensamentos não coincidentes com os do autor. Por sua vez, o historiador Carlo Ginzburg apropriou-se da ideia como um método para a escrita da história, por meio de "vozes distintas, diferentes, opostas".[7]

O biógrafo deve atentar para a heteroglossia presente nos discursos sobre os episódios que irá narrar, mas também para as multiplicidades do próprio biografado. "Todos temos várias faces", resume Jean Orieux, autor das biografias do pensador Voltaire, do político e diplomata Talleyrand, do fabulista La Fontaine e da rainha consorte Catarina de Médici. "A partir de cem testemunhos diferentes e até contraditórios, o biógrafo acaba por elaborar uma face compósita, na qual há algumas probabilidades de podermos encontrar o personagem integral, que os seus contemporâneos provavelmente não conheceram", argumenta. "Não é atrevimento pensar que um biógrafo, que viveu cinco anos inteiros mergulhado na sua obra e no seu meio, saiba mais sobre Jean de La Fontaine do que qualquer das pessoas que o convidavam para jantar."[8]

* * *

Após a fase de revisar a bibliografia e escarafunchar os arquivos hemerográficos, decido partir para outros conjuntos documentais, a começar pelos escritos íntimos porventura deixados pelo biografado: diários, cartas, memórias, autobiografias. Já aludi à desconfiança que também devemos estabelecer em relação à parcialidade desse tipo de vestígio. Mas acrescentaria que, a exemplo da leitura de textos jornalísticos, essas "escritas de si" — como costumam ser definidos os gêneros discursivos em primeira pessoa — permitem conferir à narrativa maior detalhamento, vivacidade e sabor cotidiano, além de serem reveladoras da autoimagem construída pelo biografado.[9]

"Não há nada menos espontâneo do que uma carta; nada menos transparente do que uma autobiografia, feita para ocultar tanto quanto para revelar", diz a historiadora francesa Michelle Perrot na introdução ao quarto volume da monumental *História da vida privada*, coordenada por Philippe Ariès e Georges Duby. "Mas essas sutis manipulações do esconder/mostrar nos levam, pelo menos, à entrada da fortaleza."[10]

O presente tem uma maneira própria de selecionar os fragmentos do passado que deseja resguardar, dizia Peter Gay, historiador alemão, biógrafo de Freud. "As distorções inconscientes dos autobiógrafos ou suas falsidades deliberadas são parte da verdade, a verdade da autobiografia — não simples obstáculos, porém indícios de importantes realidades interiores", prevenia. "As fantasias também são realidades que devem ser interpretadas, e o mesmo se pode dizer dos silêncios, esses testemunhos mudos, mas expressivos, por vezes mais significativos do que as afirmativas mais veementes."[11]

Em todos os meus livros, trabalhei com documentos do gênero. A biografia de Padre Cícero recorreu a cerca de novecentas cartas trocadas entre personagens fundamentais da trama, preservadas e transcritas pelo Departamento Histórico Diocesano do Crato. No dia em que estive pela primeira vez com esse material diante dos olhos, percebi imediatamente que aquele relicário epistolar iria compor a coluna de sustentação do trabalho, conforme registrei ao final de *Padre Cícero: Poder, fé e guerra no sertão*.

Nos três volumes de *Getúlio*, tanto a correspondência oficial quanto a particular do biografado foram de inestimável valia. No terceiro tomo, as cartas trocadas entre Vargas e a filha, Alzira, no período compreendido entre 1945 e 1950 — 1652 páginas, escritas durante o "autoexílio" em São Borja, após a deposição imposta pelos militares ao final da Segunda Guerra —, foram imprescindíveis para compreender as articulações políticas e as circunstâncias familiares responsáveis pelo retorno do ex-presidente ao poder.

Em *Castello: A marcha para a ditadura*, as correspondências do biografado com colegas de farda e auxiliares de governo foram igualmente proveitosas. As cerca de sessenta cartas escritas pelo então tenente-coronel e chefe da 3ª Seção da Força Expedicionária Brasileira, nos intervalos das batalhas no front italiano, são bastante reveladoras dos bastidores e dos choques de comando na cúpula da força militar enviada pelo Brasil à Segunda Guerra.

As cartas e diários, portões de entrada à muralha da intimidade, como tão bem definiu Perrot, sugerem estados de espírito, hesitações morais, dilemas privados. "Não conheço método biográfico mais perfeito que aquele que não apenas associa, segundo a ordem de produção, os acontecimentos mais importantes da existência de um homem, mas entremeia-os com o que esse homem haja dito, pensado e escrito", observa Daniel Madelénat, autor de *La biographie*.[12]

Por meio da capacidade expressiva das "escritas de si" — também chamadas de ego-documentos — é possível introduzir nas narrativas de não ficção recursos próprios ao texto literário, como o diálogo e as aspas em primeira pessoa. "Mande o processo para Roma, para ser julgado pela Inquisição", diz o cardeal Arcoverde ao bispo dom Joaquim na biografia de Padre Cícero.[13] "Coloquei o meu futuro dentro de mim", fala Maysa, após se submeter a uma intervenção cirúrgica para introduzir uma pastilha química no organismo, na tentativa de combater o alcoolismo.[14]

*

Outra fonte obrigatória ao biógrafo é a entrevista, pelo menos no caso de biografados que tenham vivido em tempos recentes. Recorro a ela quando já tenho uma base considerável de informações sobre a história e sei exatamente o que perguntar a cada entrevistado. Utilizei o método nos livros sobre Maysa e Castello Branco. No caso da cantora, fiz cerca de duzentas entrevistas, com mais de cinquenta pessoas — conversei com várias delas em mais de uma ocasião —, incluindo amigos, parentes, músicos, compositores, empresários, produtores, ex-maridos, ex-namorados e até mesmo ex-professoras dos tempos de colégio da biografada.

Para o livro sobre o marechal, conversei com militares, políticos, jornalistas, ex-auxiliares, parentes, adversários. Além disso, tive a oportunidade de contar com as anotações e transcrições das entrevistas feitas, nas décadas de 1960 e 1970, pelo brasilianista John Watson Foster Dulles, autor de uma biografia anterior de Castello em dois volumes. Enviei um e-mail para o gabinete do professor Dulles na Universidade do Texas, informando-o a respeito de meu projeto, e ele de imediato prontificou-se a me auxiliar. Remeteu-me, pelo FedEx, de forma generosa, nove volumes encadernados com as cópias datilografadas das transcrições das conversações que teve com figuras históricas então vivas, como João Goulart, Carlos Lacerda e Juscelino Kubitscheck.

É comum que, ao se entrevistar alguém para uma biografia, o entrevistado se perca em generalidades e abstrações, vagando em apreciações desimportantes e juízos de valor sobre o biografado: "era uma boa pessoa", "um homem brilhante", "um sujeito extravagante"... Divagações que em nada acrescentam aos propósitos do biógrafo. O que se espera de um entrevistado — e é preciso que se saiba arrancar isso dele — são subsídios que ajudem a sustentar a narrativa: episódios, ambientações, ocorrências. Levar para a entrevista uma fotografia ou o recorte de uma notícia de jornal, por exemplo, pode ajudar a avivar a memória do entrevistado.[15]

Nunca se deve partir para a conversa sem um roteiro prévio e detalhado de perguntas. É claro que o desenrolar do diálogo irá ditar novos encaminhamentos, eventuais desvios, atalhos, surpresas. O rol inicial de indagações irá se amoldar a cada situação, mas ele sempre será uma garantia para se evitarem omissões e perdas de rumo. Um erro comum durante uma entrevista é interromper os eventuais silêncios e hesitações do entrevistado. Por mais que isso pareça constrangedor, não se deve tentar preenchê-los de imediato.

Muitas vezes a frase espontânea, impensada, dita de supetão e sem maiores elaborações — lançada pelo entrevistado para contornar e fugir ao próprio silêncio —, tende a ser a mais sincera, reveladora e verdadeira. Mas, de todo modo, é preciso entender a natureza daquele hiato verbal. Decorrerá de uma tensão ou receio em torno de algum assunto específico, de uma tentativa de se puxar pela memória mais profunda ou de simples perda do fluxo de raciocínio?

Para cada circunstância, cabe um tipo de intervenção: tentar refazer a mesma pergunta de outra maneira, oferecer algum dado que possa ajudar o entrevistado a organizar as reminiscências, voltar a um ponto anterior e, só em casos excepcionais, pular para outro assunto. A sensibilidade do entrevistador fará a diferença. Jamais lançar mais de uma pergunta ao mesmo tempo é regra básica. Corre-se o risco de o entrevistado não responder bem a nenhuma delas. Não fazer perguntas longas, outra. Quem tem que falar muito é o entrevistado, não o entrevistador.

Para tentar ser o mais fiel possível ao que foi dito, gravo todas as entrevistas. Mas não ligo o gravador no primeiro instante, nem tiro da bolsa a tiracolo o bloquinho de anotações, de modo ostensivo, logo de início. Introduzo assuntos leves, para criar um clima prévio de descontração e confiança. Quando sinto que o entrevistado já está à vontade, comento — sem maiores alardes — que vou iniciar a gravação, para não correr o risco de perder algo do que ele diga.

Apanho então o caderno, também de forma natural e discreta, e vou fazendo anotações que julgo serão úteis depois, ao transcrever a conversa. Preservarei um arquivo de texto com a íntegra do material, mas elaborarei fichas temáticas e cronológicas, com palavras-chave e extratos dela, para facilitar o acesso às informações obtidas.

O jornalista norte-americano William Zinsser, autor de um dos principais manuais de escrita de não ficção dos Estados Unidos, afirmava: "Entrevistar alguém é uma técnica em que você só tende a melhorar". Ele garantia: "Mas boa parte dessa técnica é puramente mecânica. E o restante, instinto — saber como deixar o outro relaxado, quando pressioná-lo mais, quando ouvir, quando parar. Isso tudo pode ser adquirido com a experiência".[16]

O biógrafo, ao entrevistar, não é um inquisidor interrogando um herege, um promotor arguindo um réu, um inspetor de polícia questionando um suspeito, um repórter inquirindo um político corrupto. Entrevistar, aqui, implica um exercício de envolvimento, empatia, sedução. Como tal, vale elogiar a roupa do entrevistado, a decoração de sua casa, o café que lhe serviu e, sobretudo, mostrar-se interessado em ouvir o que ele tem a dizer. Deve-se olhar o entrevistado nos olhos, usar tom ameno, ser cortês o bastante para não parecer presunçoso, polido o suficiente para não soar invasivo.

Se ele exprimir alguma ideia que pareça absurda, releve; não é o caso de discordar. O biógrafo não está ali para confrontá-lo ideologicamente, mas para colher informações. Se o entrevistador sentir que há espaço para alguma espécie de ponderação, precisa fazê-la de modo elegante e educado, não sendo irônico ou impulsivo. Se o entrevistado conta uma versão diferente para um episódio que o biógrafo já conhece, este não deve contestá-lo de imediato, mas ouvir-lhe a variante da história. Depois disso, expor a versão oposta, de modo a poderem, juntos, comparar as divergências.

"O biógrafo não confia em suas testemunhas, vivas ou mortas", sentenciou Paul Murray Kendall. Já me deparei, em entrevistas, com exposições díspares a respeito de um mesmo fato. Com base nas demais fontes documentais, procuro estabelecer criticamente qual delas parece mais verossímil. Sempre que possível, reforçando o expediente da heteroglossia, ofereço ao leitor a possibilidade de conhecer todas elas, embora chamando atenção no texto, quando é o caso, para ocasionais congruências e contrassensos de uma e outra.

"Ainda que eu tivesse sido contemporâneo e testemunha de Waterloo, ainda que tivesse sido seu principal autor, Napoleão em pessoa, teria apenas uma perspectiva sobre o que os historiadores chamarão o evento Waterloo", escreveu o historiador Paul Veyne. "Só poderia deixar para a posteridade o meu depoimento que, se chegasse até ela, seria chamado indício."[17]

Como se não bastasse, a memória individual é seletiva — reforça certas recordações, apaga outras — e maleável — há lembranças construídas. "O que sentimos ou afirmamos ser verdade depende tanto da nossa imaginação como de nossos sentidos", explicou o neurologista Oliver Sacks em *O rio da consciência*. "Nós, seres humanos, somos donos de memórias que possuem falibilidades, fragilidades e imperfeições — mas também flexibilidade e criatividade imensas".[18]

"Muitos acontecimentos que pensamos recordar a partir de nossa própria experiência na realidade nos foram contados e então tornaram-se parte indistinta de nossa memória", escreveu por sua vez o historiador norte-americano David Lowenthal, em "Como conhecemos o passado". "As recordações de outras pessoas sobre acontecimentos passados se encobrem e com frequência se mascaram, como se fossem nossas."[19]

Além disso, dizia Lowenthal, as lembranças são alteradas quando trazidas à tona. A ideia de um passado relembrado como algo fixo e imutável é ilusória. "Quando recordamos, ampliamos determinados acontecimentos e então os reinterpretamos à luz da experiência subsequente e da necessidade presente", elucidava o historiador. "Lembranças não são reflexões prontas do passado, mas reconstruções ecléticas, baseadas em ações e percepções posteriores e em códigos que são constantemente alterados, através dos quais delineamos, simbolizamos e classificamos o mundo à nossa volta."[20]

Um dos casos mais extremos derivados de falsas memórias ocorreu na cidade de Beatrice, Nebraska, nos Estados Unidos, em 1985. Cinco pessoas inocentes foram persuadidas por um psicólogo a serviço da polícia de que haviam assassinado Helen Wilson, uma pacata viúva de 68 anos, morta asfixiada com uma almofada no sofá de casa, após sofrer abusos sexuais. Todos eles, nos respectivos depoimentos, deram detalhes de como haviam cometido o crime.

Havia manchas de sangue e de sêmen no local, mas as amostras do material analisadas em laboratório não correspondiam às de nenhum dos acusados, que, ainda assim, foram condenados como réus confessos. Um sexto implicado negou qualquer envolvimento no episódio. Somente duas décadas depois, quando a investigação foi reaberta após a realização de testes de DNA, provou-se que todas as confissões haviam sido baseadas em lembranças fabricadas. O verdadeiro assassino nunca foi preso. Morreu antes de ser apanhado pela justiça. Os seis condenados receberam o perdão pelo erro.

"Memórias fictícias não afligem apenas aqueles que foram traumatizados; pessoas que tiveram vidas estáveis também têm problemas para distinguir entre experiências que elas mesmas tiveram e aquelas que foram absorvidas através das histórias de alguma outra pessoa", observou a jornalista Rachel Aviv, que reconstituiu o trágico caso de Nebraska em uma reportagem para a revista *New Yorker*. "Estudos demonstram que pessoas acabam acreditando que estiveram em um acidente durante um casamento de familiares, foram atacadas por um animal ou beberam chá com o príncipe Charles se parentes lhes disserem que viram isso acontecer."[21]

Selecionar e ler vasta bibliografia, pesquisar jornais antigos, esmiuçar correspondências e diários, fazer dezenas de entrevistas. Depois disso tudo, a pesquisa arquivística estará apenas começando — e ela possivelmente irá remeter à necessidade de outras leituras e de novas conversas com as fontes. Mas todo esse trabalho será inútil se não for executado com considerável dose de criatividade e imaginação.

Mesmo os papéis aparentemente mais insípidos permitem uma leitura criativa. "A imaginação diante dos arquivos é muito importante, pois é preciso ter faro para lidar com documentos", afirma o historiador francês Daniel Roche, autor de *A cultura das aparências* e *História das coisas banais*. "Como no caso da gastronomia, a história é também um campo em que se necessita da intuição. O problema, então, é: como desenvolver essa intuição? O único meio é frequentar os arquivos", propunha Roche.[22]

Portanto, vamos a eles. Os arquivos nos aguardam.

4. Senso de detetive, olhar de antropólogo, espírito de arqueólogo

> *Um biógrafo molda um homem ou uma mulher a partir dos materiais aparentemente insípidos de arquivos, diários, documentos, sonhos, um vislumbre, uma série de memórias.*
>
> Leon Edel

Paul Veyne dizia que o esforço característico do ofício do historiador — e o que confere sabor à pesquisa do passado — é a aptidão para "espantar-se com o óbvio".[1] Inventários e testamentos são particularmente úteis para se conhecerem detalhes da cultura material de determinada época, quando analisados em série. Mas também podem revelar muito sobre a existência de determinado indivíduo. De posse da lista exaustiva de bens inventariados de uma família — mobiliários, vestimentas, enxovais, pratarias, joias, ferramentas de trabalho, meios de transporte, livros, utensílios de cozinha etc. —, obtemos informações preciosas sobre formas de morar, viver e comer.[2]

Na biografia que escreveu sobre Tiradentes, o jornalista Lucas Figueiredo utilizou esse tipo de documentação de forma tão rigorosa quanto fecunda. Com base nos inventários dos bens apreendidos aos participantes da Inconfidência Mineira — que incluíam desde os garfos do armário da sala de jantar ao número de escravos que possuíam —, o autor conseguiu estabelecer detalhados perfis dos conjurados. Comprovou que o réu Joaquim José da Silva Xavier, o Tiradentes, era realmente o de menor patrimônio entre os envolvidos, embora se vestisse com roupas e acessórios que denotavam vaidade, sofisticação e modernidade para a época:

> Joaquim desfilava pelas ruas de Vila Rica usando coletes, casacas e casaquinhas. Muitas de suas roupas eram de cores vivas (rosa "flor de pessegueiro", laranja "cor de fogo", azul-ferrete e escarlate). O gosto pelos tons berrantes é prova de que Tiradentes não economizava no vestuário — na época, eram caros os processos de tingimento de tecidos.[3]

Registros de cartório, por mais insossos que pareçam, também são fontes férteis e podem fornecer elementos cruciais ao biógrafo. Quando trabalhava na pesquisa para biografar Getúlio Vargas, precisei investigar a denúncia, lançada em 1954 por um de seus principais adversários, o jornalista Carlos Lacerda, de que o ex-presidente havia matado um indígena na juventude. Com base em fontes secundárias e a habilidade de um pesquisador assistente, o colega Marcelo Campos, localizei o inquérito policial relativo ao episódio no Arquivo Público do Estado do Rio Grande do Sul. Ao ler as 110 páginas da sindicância a respeito do crime, ocorrido em 1920, constatei que o caso era ainda mais grave do que proclamava Lacerda.

Na ocasião, além de ter matado dois indígenas, e não apenas um, o assassino teria violentado minutos antes uma mulher, nora do cacique do aldeamento de Inhacorá, em Palmeira das Missões, a trezentos quilômetros de São Borja. Os autos não deixavam dúvidas a respeito do nome do criminoso: Getúlio Dornelles Vargas. Como este havia fugido dos policiais antes de dar entrada na cadeia pública — o que pressupunha alguma conivência por parte da escolta armada —, não chegou a ser interrogado ou fichado na delegacia.

Anos mais tarde, Lutero Vargas, filho de Getúlio, afirmou que o pai não teria nenhuma relação com o crime. Seria um caso de homonímia, alegou, sem alongar-se no assunto. Como biógrafo, não poderia simplesmente confiar na afirmação de Lutero. Por isso, pedi a Marcelo, o pesquisador assistente, que esquadrinhasse os cartórios gaúchos, em busca da possível certidão de nascimento de outro indivíduo com o mesmo nome do ex-presidente.

Um detalhe orientou as buscas: as testemunhas oculares ouvidas pela polícia à época referiam-se ao acusado como "jovem", "moço" ou "rapaz". Àquela altura, aos 38 anos, Getúlio Vargas já era um homem maduro, exercendo o mandato de deputado estadual, o que reforçava a tese de que se tratava de um homônimo. Decidimos concentrar o rastreio, nas comarcas próximas a São Borja, em registros de crianças do sexo masculino nascidas, pelo menos, dez anos depois do biografado — que, aliás, tinha um álibi retroativo: na data e horário do crime, encontrava-se em Porto Alegre, discursando na Assembleia, conforme constava nas transcrições dos anais legislativos.

No cartório do registro civil do atual município de Campo Novo, antigo distrito de Palmeira das Missões, Marcelo localizou a certidão de nascimento de Getúlio Dornelles *de* Vargas, nascido em 10 de maio de 1899, filho de agricultores. Apesar do sobrenome em comum — com exceção daquele "de" entre Dornelles e Vargas —, os dois Getúlios não eram sequer parentes indiretos. No levantamento da folha corrida do homônimo, revelava-se que o tal Getúlio Dornelles de Vargas tinha outras passagens pela polícia. No prontuário, constava, entre os tantos crimes, o caso do duplo assassinato no aldeamento de Inhacorá. Em suma, Lacerda cometera uma falsa acusação.

A obsessão é inerente ao trabalho do biógrafo. Ainda em relação a Getúlio, na correspondência de seus tempos de acadêmico de direito, um colega de faculdade escreveu-lhe: "A Dama de Vermelho perguntou por ti". Curioso, eu quis saber quem era a musa misteriosa do então jovem estudante gaúcho. Em carta posterior, havia a informação de que ela, a tal Dama de Vermelho, chamava--se Alzira (por coincidência — ou não — o mesmo nome da futura filha de Getúlio Vargas) e então já casada com "um telegrafista".

Com essas parcas informações, fiz uma pesquisa nos jornais da época até descobrir portaria publicada no *Diário Oficial da União* de 1936 que concedia pensão a uma certa Alzira Prestes, esposa do telegrafista Alfredo de Carvalho Soares. Uma varredura nos atestados de óbito dos cartórios de Porto Alegre levou-me ao jazigo do casal, no Cemitério São Miguel e Almas. O túmulo estava semiabandonado e, nos registros do cemitério, constavam como proprietários do sepulcro dois filhos de Alzira e Alfredo, também falecidos.

Com ajuda da lista telefônica da capital gaúcha, após inúmeras ligações para pessoas com sobrenome Carvalho, Prestes ou Soares, cheguei aos netos da Dama de Vermelho. Eles me forneceram uma cópia da fotografia da avó quando moça, dona de "carnes triunfais, vazadas em molde impecável de deusa pagã", segundo definira o então jovem Getúlio, em um poema publicado no jornal estudantil. "Bem que diziam que o Getúlio Vargas tinha uma queda pela vovó", sorriu um dos netos, ao apontar para a imagem de Alzira posando para as lentes do Atelier Barbeitos, datada de 1913.

A foto, que me custara semanas de procura, não entrou no

livro. Diante da quantidade de material amealhado na pesquisa, considerei-a algo secundário e episódico. "A biografia, a meu ver, não consiste em contar tudo o que se sabe, pois nesse caso o livro mais insignificante seria tão longo quanto a própria vida, mas em fazer um balanço do próprio conhecimento e escolher o que é essencial", recomendava André Maurois.[4] "Deixe o biógrafo anotar cada detalhe em sua plenitude e extensão. Mas antes de oferecer seu trabalho ao mundo, deixe-o extirpar todos os detalhes que não contribuam para uma representação gráfica de caráter e façanha", também aconselhava Sidney Lee.[5]

Na biografia de Getúlio, a história da Dama de Vermelho rendeu apenas meia página. Conclusão: só podemos avaliar a solidez de uma investigação biográfica se a maior parte dela, por questão de critério e espaço físico, tiver que ser descartada no processo de escrita. Se um escritor de não ficção conseguiu colocar no livro tudo aquilo que apurou na fase de pesquisa, só pode existir uma explicação: ele apurou pouco, a pesquisa foi insuficiente.

Quando estava trabalhando na pesquisa para escrever a biografia coletiva *Uma história do samba: As origens*, deparei-me com uma dificuldade específica. Pelo fato de a maior parte dos personagens da primeira parte do livro terem vivido em estado de invisibilidade social e não deixarem registros escritos — muitos eram analfabetos ou semialfabetizados —, precisei apelar para documentos que, na maioria das vezes, se referiam a eles de forma negativa e preconceituosa. Caso dos jornais de época, que tinham os sambistas na conta de delinquentes e arruaceiros. Mas, principalmente, de inquéritos de polícia e processos judiciais, dada a circunstância de marginalidade própria à origem do gênero.

Foi o que também fez a historiadora Maria Clementina Pereira Cunha para escrever *Não tá sopa: Sambas e sambistas no Rio de Janeiro, de 1890 a 1930.* "Para além do legado que nos deixaram em forma de canções, depoimentos, biografias e testemunhos de terceiros, sua experiência ficou registrada em documentos que revelam ou detalham aspectos bem pouco conhecidos desses personagens", assinalou. "O procedimento de confrontar os processos com os dados biográficos disponíveis foi o caminho adotado para descobrir o que se escondia sob o jargão policial e jurídico."[6]

Em *Arrancados da terra*, também explorei fontes que precisaram ser lidas a contrapelo: os atos processuais dos tribunais eclesiásticos da Inquisição. Já havia feito algo semelhante quando da investigação sobre a suspensão canônica de Padre Cícero imposta pelo Santo Ofício. No caso da narrativa sobre os judeus sefarditas, voltei a debruçar-me sobre documentos produzidos pelos inquisidores, mas em passado mais remoto.

Mais uma vez, inspirei-me, de modo assumido, na experiência de Ginzburg:

> Mas, enquanto lia os processos inquisitoriais, muitas vezes tive a impressão de estar postado atrás dos juízes para espiar seus passos, esperando, exatamente como eles, que os supostos culpados se decidissem a falar de suas crenças — por sua conta e risco, naturalmente.[7]

A minúcia própria aos inquisidores e seus escrivães, que registravam os interrogatórios em pormenores, permite inclusive reconstituir os gestos, gritos, silêncios e até os eventuais rubores nas faces dos prisioneiros quando postos diante dos algozes.

"Esses documentos não são neutros; a informação que nos fornecem não é nada 'objetiva'. Eles devem ser lidos como produtos de uma relação específica, profundamente desigual", ressaltou Ginzburg. "Para decifrá-los, devemos aprender a captar por trás da superfície lisa do texto um sutil jogo de ameaças e medos, de ataques e retiradas. Devemos aprender a desembaraçar os fios multicores que constituíam o emaranhado desses diálogos."[8]

O historiador italiano comparou esse tipo de investigação histórica a uma atitude antropológica diante da documentação, baseada na perspectiva dialógica entre culturas diferentes: "Os atos processuais produzidos pelos tribunais laicos e eclesiásticos poderiam ser comparados com o caderno de notas de um antropólogo em que tenha sido registrado um trabalho de campo feito séculos atrás".[9] Com a evidente ressalva de que os historiadores das sociedades do passado não são capazes de produzir as próprias fontes. Porém, devem ter a sensibilidade de interpretá-las como ricos testemunhos, condicionados pelas respectivas circunstâncias de produção.

Foi Ginzburg, ainda, quem comparou a investigação do passado ao trabalho do detetive, alguém que a partir de indícios triviais, por vezes imperceptíveis à maioria, é capaz de reconstruir os detalhes de um ambiente e de uma cena. "Pistas talvez infinitesimais permitem captar uma realidade mais profunda, de outra forma inatingível", correlacionou. "Os exemplos da perspicácia de [Sherlock] Holmes ao interpretar pegadas na lama, cinzas de cigarro etc. são, como se sabe, incontáveis."

O filósofo e historiador inglês R. G. Collingwood já havia sugerido idêntica analogia. No clássico "A imaginação histórica", ensaio incluído na coletânea póstuma de seus escritos, ele argumentava que "o herói de um romance policial pensa exatamente como um historiador, quando, a partir de indicações dos mais diversos tipos, constrói um quadro imaginário, acerca do modo como foi praticado o crime, e por quem". Collingwood propunha essa espécie de imaginação detetivesca como o próprio cerne do fazer historiográfico. Imaginação, contudo, que não deveria ser confundida com o fictício e o irreal, por não ser "arbitrária, caprichosa, meramente fantasista".[10]

Olhamos um barco no horizonte e ele está em determinada posição. Cinco minutos depois, voltamos a olhá-lo, e ele se encontra em outra. Pressupõe-se que a embarcação ocupou posições intermediárias quando não estávamos a observá-la. "A imagem que o historiador dá ao seu objeto, quer seja uma sequência de acontecimentos, quer um estado de coisas passado, surge como uma teia de construção imaginativa, estendida entre certos pontos fixos, fornecidos pela declaração das fontes", explicava Collingwood. Ele concluía:

> Se esses pontos forem suficientemente numerosos e os fios — ligados uns aos outros — estiverem construídos com o cuidado devido, sempre por meio da imaginação a priori e nunca por fantasia meramente arbitrária, todo quadro é verificado em correspondência com estes dados, havendo pouco perigo de perder o contato com a realidade que representa.[11]

Gosto de imaginar o biógrafo — e o pesquisador do passado, de modo geral — como um investigador dotado de um senso de detetive e um olhar de antropólogo, mas também munido do espírito do arqueólogo, profissional que, a partir da leitura de fragmentos e restos materiais, busca reintegrá-los em determinado contexto histórico, cultural, econômico e social, por meio de modelos de interpretação. Método que não dispensa considerável esforço físico na fase da pesquisa de campo, notória carga de intuição na coleta de material e inevitável dose de subjetividade para analisá-lo por meio de aportes transdisciplinares.

O biógrafo, portanto, deve estar atento aos detalhes, por mais insignificantes que pareçam. "Qualquer coisa que possa nos dar uma ideia de como um indivíduo realmente se parecia, o tom de sua voz, a forma de sua conversa, é essencial", dizia André Maurois em *Aspects de la biographie*. "Uma pessoa é sobretudo, para nós, um certo físico, um certo olhar, gestos familiares, uma voz, um sorriso, expressões que lhe são habituais. [...] Se [o biógrafo] não souber, sob essas nuvens de papéis, discursos e ações, nos fazer ver um ser de carne, está perdido."[12]

Umberto Eco revelou que, para escrever seus romances históricos, percorria os mesmos trajetos imaginários trilhados pelos personagens, desenhava diagramas e mapas dos cenários onde se passavam as tramas, chegava a consultar, em um programa de computador, a posição das estrelas no céu nos dias em que supostamente se passavam as narrativas. Costumo proceder, na investigação biográfica, do mesmo modo que Eco quanto às narrativas de ficção.

Sempre que possível, vou aos locais sobre os quais irei escrever, ainda que estes estejam completamente descaracterizados em relação à época retratada. Tenho a necessidade de olhar para o sol e o céu do lugar, pisar o mesmo chão trilhado pelo biografado, tentar refazer-lhe os caminhos e passos, buscar reminiscências e pormenores sobreviventes ao tempo.

Se há um prédio ou uma casa ainda de pé, onde o biografado porventura nasceu, morou ou trabalhou, encontro um jeito de conseguir autorização para entrar ali. Tomo nota dos detalhes arquitetônicos, do tipo de assoalho, da incidência da luz natural em diferentes horas do dia, da posição de portas e janelas, da vista que ele possivelmente tinha da rua. Se há uma escadaria, conto-lhe os degraus. "É o alheamento em outra realidade, recuperada em seu caráter singular, que o leitor deseja. Ele quer mergulhar em uma época que não é a sua", argumenta François Dosse,[13] para quem "o biógrafo é um poeta do detalhe".[14]

Duby contava que, para escrever *O domingo de Bouvines*, viajou para o local onde nasceram, viveram e morreram os personagens do livro. "Considerava necessária esta convivência íntima, prolongada, carnal com a terra", justificou.

O que buscava em minhas viagens através dos campos e bosques era um contato concreto com o real, para me sentir seguro. Aquele tecido esgarçado, cheio de buracos, que eu remendava fio a fio na leitura dos textos em latim, era-me indispensável depositá-lo num suporte firme, neste outro documento, igualmente rico, de uma riqueza diferente, é bem verdade, mas por sua vez sem lacuna de espécie alguma, exposto à luz do dia, vivaz.[15]

Para escrever sobre São Borja, cidade onde nasceu Getúlio, precisei ir até lá para segurar, na palma da mão, um punhado da terra avermelhada da estância onde morou o ex-presidente. Desfiz o torrão entre os dedos, senti-lhe o cheiro, conferi-lhe a cor e a consistência. Movido pelo mesmo interesse, sempre procuro o maior número possível de imagens do biografado, sejam fotografias, gravuras ou retratos a óleo. Nelas, observo-lhe atentamente as feições do rosto, a postura, a indumentária, sem perder de vista que há sempre algo de teatral e artificioso no gesto de posar para o pincel de um artista ou para a câmera do fotógrafo.

Numa investigação histórica, a pesquisa iconográfica é parte relevante do trabalho, não simples busca por belas imagens que irão ajudar o editor a tornar o livro mais atraente aos olhos do leitor. As imagens não são meras ilustrações inocentes anexadas ao texto, mas fontes de informação, evidências históricas não verbais, que também precisam ser analisadas criticamente pelo pesquisador. Não são espelhos do real, mas representações dele.[16]

De todo modo, quando reúno uma boa porção de imagens do biografado, costumo ordená-las em um painel de cortiça ou mesmo colá-las na parede com fita adesiva, por trás do computador, para tê-las sempre à vista. Quando comentei isso em uma das entrevistas a Jô Soares, ele associou tal procedimento ao de um *serial killer* que deseja estudar a personalidade e o comportamento de suas vítimas. Respondi que a analogia até fazia algum sentido. Com a diferença de que, em vez de assassinar os biografados, opero na esperança de conseguir devolver-lhes a vida.

"Ao nos relatar os fatos reais, separar o pequeno do grande, e formatar o todo, de modo a que percebamos o contorno, o biógrafo faz mais para estimular a imaginação do que qualquer, salvo os melhores, poeta ou novelista", dizia Virginia Woolf. "Quando e onde o homem real viveu, como era sua aparência, se ele usava botas de amarrar ou de elástico na lateral, quem eram suas tias e seus amigos, como ele assoava o nariz, quem ele amava e como e quando veio a morrer."[17]

A leitura da documentação, em qualquer fase da pesquisa, exige esse olhar atento à minúcia. Não porque todo e qualquer detalhe seja significativo, mas para extrair significados e recursos narrativos das miudezas. Quando investigava a diáspora dos sefarditas de Portugal e a respectiva fuga rumo aos Países Baixos no século XVII, consultei cartas geográficas de época, li relatos de cronistas e viajantes, procurei mergulhar no cotidiano de um refugiado judeu do período.

Confrontei os mapas urbanos da Lisboa quinhentista, com suas ruelas estreitas e tortuosas, e as representações gráficas da então progressista Amsterdam, com seus canais, diques e moinhos. Para conduzir o leitor na passagem de um cenário ao outro, recorri a uma sugestão olfativa, aludida por muitos dos estrangeiros que então visitavam a cidade holandesa: Amsterdam recendia a peixe — fresco, frito e defumado. Assim como o sabor da madeleine transportava Marcel Proust na busca pelo tempo perdido, a sugestão de um aroma também guarda a capacidade de transpor o leitor para outras paisagens e paragens.

Para o limiar da terceira parte de *Arrancados da terra* — que narra a chegada dos judeus portugueses refugiados ao Brasil, via Holanda —, fui colher nos antigos manuais de navegação e nas descrições de marinheiros a sensação de um europeu da época ao transpor a linha equinocial, cruzar o Atlântico e desembarcar nos trópicos. Inspirei-me no recurso utilizado pelo historiador Georges Duby para narrar a batalha de Bouvines na perspectiva dos combatentes: "Não me será suficiente expor os 'fatos'. Devo esforçar-me por encarar as coisas com os olhos desses guerreiros, tenho de me identificar com eles, que já não passam de sombras".[18]

Imagino que, quando pesquiso sobre a vida de um personagem histórico, transformo-me, para os amigos e familiares ao redor, em um sujeito insuportavelmente monotemático. Todos os meus interesses se voltam para aquela época ou para aquele biografado específico. Tento me enfronhar no espírito do tempo em questão. Mesmo nos momentos de lazer, leio preferencialmente romances da época, assisto a filmes relacionados com o tema, ouço músicas do período.

Vasculho lojas de velharias e sites de usados, na busca de memorabilia que me remetam ao assunto. Espalho tais objetos pelo escritório, até mudo a decoração inteira do ambiente de trabalho, altero o fundo e o descanso de tela do computador, tudo de acordo com o objeto da investigação em curso. Na feliz expressão do historiador Evaldo Cabral de Mello, procuro "calçar os sapatos do morto" — "para tentar compreendê-la [a história] por dentro, não pela graça de uma iluminação súbita que frequentemente não resistirá à prova documental, mas mediante o convívio aturado com o passado".[19]

Só quando consigo "ver" o biografado caminhando à minha frente, praticamente materializado diante de mim; só quando atinjo uma intimidade com a época a ser retratada, de modo a ser quase capaz de sentir-lhe os cheiros, sabores, sons, cores e texturas, parto para a fase seguinte e igualmente desafiadora: a escrita.

5. O leitor não pode cochilar

Eu queria produzir um romance jornalístico, uma obra de grande porte, que tivesse a credibilidade do fato, a instantaneidade do cinema, a profundidade e a liberdade da prosa, e a precisão da poesia.

Truman Capote

Ao escrever, considero decisivas as frases, linhas e parágrafos iniciais do primeiro capítulo. Isso irá definir, imagino, se os leitores seguirão adiante, com curiosidade e ânimo instantâneos — ou se irão virar a página, com indiferença e enfado. Para um escritor, não há maior fracasso do que ser abandonado pelo leitor, digamos, antes da página 10. Mesmo se ele seguir adiante por mais algumas delas — na esperança de que a narrativa deslanche —, não há nada mais indelicado do que o entediar já no início do livro. "O homem ou a mulher que cochila em uma poltrona com um livro ou uma revista nas mãos é uma pessoa a quem o escritor dedicou inutilmente suas preocupações", afirmava William Zinsser, no seu prestigiado manual de escrita de não ficção.[1]

Divagações, falta de foco, ritmo frouxo, linguagem empolada. São múltiplos os motivos de um começo malsucedido. Contra todos eles, o melhor antídoto é oferecer ao leitor uma cena de grande apelo sensorial. "Inteiramente nus e com os corpos pintados de vermelho e azul, Assis Chateaubriand e sua filha Teresa estavam sentados no chão, mastigando pedaços de carne humana", escreveu Fernando Morais, no início de *Chatô: O rei do Brasil*, ao reconstituir um sonho aludido pelo biografado.[2]

"É sempre chocante vê-lo de novo. Não ao vivo, como na televisão, mas de pé parado à nossa frente, em sua melhor forma", observou o escritor norte-americano Norman Mailer, referindo-se ao boxeador Cassius Clay, no começo de *A luta*.

> É então que o Maior Atleta do Mundo corre o risco de se transformar no nosso homem mais belo [...]. Mulheres suspiram audivelmente. Homens baixam o olhar. [...] Ele é o Príncipe do Céu — é o que diz o silêncio que envolve seu corpo quando ele está luminoso.[3]

Outro início irresistível é o de *Notícia de um sequestro*, de Gabriel García Márquez:

> Antes de entrar no automóvel, olhou por cima do ombro para ter certeza de que ninguém a espreitava. Eram sete e cinco da noite em Bogotá. Havia escurecido uma hora antes, o Parque Nacional estava mal iluminado e as árvores sem folhas tinham um perfil fantasmagórico contra o céu turvo e triste, mas não havia à vista nada a temer. Maruja sentou-se atrás do motorista, apesar do cargo que ocupava, porque sempre achou que aquele era o local mais cômodo. Beatriz subiu pela outra porta e sentou-se à sua direita. Estavam com quase uma hora de atraso em suas rotinas diárias, e as duas

pareciam cansadas depois de uma tarde soporífera com três reuniões executivas.[4]

Atente-se para o gesto da personagem que olha por cima do ombro. Repare-se na descrição da silhueta das árvores desfolhadas sob o céu do início da noite. Perceba-se o movimento sincronizado das duas mulheres ao entrarem no automóvel pelas portas opostas. Quase conseguimos vê-las se sentando, juntas, ao mesmo tempo, no banco traseiro do carro. Do conjunto da cena, brota um inevitável pressentimento. O leitor já foi capturado, na expectativa do que virá a acontecer.

Ao longo do trabalho de pesquisa, procuro identificar e tomar nota de ideias e detalhes assim, capazes de prender a atenção dos leitores desde o início: um fato significativo, uma ocorrência dramática, algo imprevisto que contrarie e supere as expectativas de quem comprou o livro e o levou para casa. A pior escolha é a mais cômoda e burocrática possível: começar a contar uma história de vida pela hora, dia, mês, ano e local nos quais o biografado nasceu.

Não faz muito tempo, em uma livraria, chamou-me a atenção a biografia de certo personagem histórico de meu interesse. Abri o livro na primeira página e li: "Fulano de Tal nasceu no dia tal, na cidade tal, filho de Sicrano e Beltrana". Devolvi o volume à prateleira, sem dar-me ao trabalho de continuar a folheá-lo. Concordo com Stephen King, excepcional narrador, subestimado por se dedicar a um gênero pouco valorizado pela crítica. "Estou na casa dos cinquenta anos [ele escreveu isso em 2000], e ainda há muitos livros por aí. Não tenho tempo a perder com os mal escritos."[5]

Estou de acordo. Se um livro não me prende a atenção por algum motivo, seja ele bem ou mal escrito, não sinto remorsos em deixá-lo de lado. Não estou sozinho nisso. O Goodreads, espécie de rede social em que os usuários compartilham sugestões e impressões de leitura, fez um levantamento dos motivos pelos quais leitores com perfil naquela plataforma desistem de seguir adiante em determinado título. Quase metade deles, 46,4%, alegam que abandonam livros que lhes pareçam "chatos, lentos, aborrecidos".[6]

Outros 18,8%, fazem isso quando percebem estar diante de uma "escrita fraca". Entre os demais motivos citados para a desistência incluem-se má edição, enredo pouco convincente e falta de identificação com o personagem central. Indagados sobre o momento exato no qual costumam abandonar livros que começaram a ler, 27,9% dos usuários disseram seguir a regra — eu nunca tinha ouvido falar dela — de ser aceitável largar um volume subtraindo-se a própria idade ao número 100. Um leitor de 25 anos, portanto, deveria insistir até a página 75. Um de sessenta, apenas até a 40. Parece-me razoável. Quanto mais velho, assim como Stephen King, menos condescendente fico.[7]

Entre os usuários do Goodreads, 15,8% afirmaram não ir além do primeiro capítulo, caso este não os convença o suficiente, enquanto 7,6% se impõem o limite mínimo de cem páginas antes da ocasional desistência. Outros 10,6% perseveram um pouco mais, embora admitam parar de ler, ultrapassada essa baliza, a qualquer altura da história. Heroicos 38,1% seguem até o final, sem capitular, ainda que tenham de interromper a leitura por várias ocasiões para retomá-la dias depois.[8]

Tudo somado, a maioria absoluta dos que responderam à enquete — 61,9% — não considera embaraçoso largar um livro pouco atraente. O criador da mais célebre oficina de escrita criativa no Brasil, Luiz Antonio de Assis Brasil, diz que a forma de seduzir o leitor desde a primeira página é apresentar o conflito já no princípio. "Se você deseja que as pessoas se abandonem à leitura — ao invés de a abandonarem —, apresente o conflito no início."[9]

Assis Brasil faz a ressalva: existem, é claro, obras-primas da literatura mundial, como *Em busca do tempo perdido*, de Marcel

Proust, nas quais o enredo se desenrola sem pressa, e nelas tudo demora a acontecer — quando acontece. Contudo, como nem todo mundo pode aspirar a ser um Proust redivivo, melhor seguir o conselho judicioso do autor de *Escrever ficção*, para quem a simplicidade e a clareza são metas a serem perseguidas pelo bom escritor. "Quanto mais você se determinar a 'fazer literatura', mais longe estará dela", adverte.[10]

Tais recomendações se ajustam ainda mais às narrativas de não ficção. Em uma biografia, a melhor alternativa é iniciar o livro em ponto específico da cronologia no qual o personagem já justifique a existência de uma biografia a respeito dele. Para isso, recorro aos prólogos, nos quais procedo a um deslocamento temporal, flashforward que remete o leitor a período posterior da história, quando alguma espécie de conflito já esteja estabelecido.

Outra função do prólogo, porta de entrada de um livro, é atualizar a trama a ser contada, até para demonstrar que a pesquisa histórica e o conhecimento do passado não são atividades de mero antiquarismo, simples compilação de historinhas anedóticas. Em *Arrancados da terra*, cujo núcleo da ação se passa no século XVII, procurei conduzir o leitor pela Nova York dos dias atuais, convidando-o a reparar em detalhes imperceptíveis ao olhar menos atento, mas reveladores das continuidades e permanências da presença dos primeiros sefarditas na ilha de Manhattan.

No texto, a descrição do cemitério mais antigo da cidade, na altura do número 55 da St. James Place, situado entre o bairro de Chinatown e o centro financeiro de Wall Street, funciona como uma espécie de portal do tempo, pelo qual o leitor é convidado a conhecer os dramas e dilemas dos judeus que ali chegaram, após fugir de Portugal, exilar-se na Holanda e viver no Brasil colonial:

O cemitério judaico da St. James Place é um dos poucos vestígios dessa aventura ainda envolta em brumas. Uma saga que, caso seja considerada, permite estabelecer uma ligação direta entre as fogueiras da Inquisição na Península Ibérica, a opulência da época de ouro dos Países Baixos, as guerras sangrentas do chamado "Brasil holandês" e os primórdios da cosmopolita Nova York.[11]

Já no prólogo de *Padre Cícero: Poder, fé e guerra no sertão*, tentei transportar o leitor a um passado recente, para fazê-lo caminhar pela praça de São Pedro, no Vaticano, ao lado do então cardeal Joseph Ratzinger, prefeito da Congregação para a Doutrina da Fé, nome moderno e eufemista da antiga Inquisição. "São nove horas da manhã. Como faz todos os dias, o cardeal Joseph Ratzinger, 74 anos, atravessa a pé a praça de São Pedro, no coração da Santa Sé", lê-se nas primeiras linhas do livro.[12]

"De batina preta, boina de feltro escuro sobre os cabelos muito brancos, o proeminente teólogo ainda não atende pelo nome de Bento XVI. Mas já é reconhecido como o mais poderoso interlocutor de sua santidade, o papa João Paulo II."[13] O que Ratzinger, personagem tão contemporâneo, está fazendo em uma biografia de Padre Cícero, que morreu no início do século XX? — pode e deve ter estranhado o leitor da obra.

O estranhamento, presumo, se desfaz algumas linhas depois. Na sequência, o texto reconstitui os passos do cardeal no dia exato em que, numa manhã de primavera de 2001, ele se sentou para escrever uma carta à Conferência Nacional dos Bispos do Brasil (CNBB). A mensagem comunicava a decisão do Vaticano de reabrir, decorridas quase sete décadas da morte de Cícero Romão Batista, os arquivos secretos relacionados à suspensão do polêmico sacerdote brasileiro das hostes da Igreja.

A carta deflagra a narrativa do prólogo, que cita a eleição de Ratzinger como papa e depois procede a súbito recuo cronológico, como se também abrisse um portal no tempo: "Nas prateleiras do antigo Tribunal do Santo Ofício, por determinação de Bento XVI, os documentos secretos que resultaram na expulsão de Cícero das fileiras da Igreja começam a acordar de um sono de quase cem anos".[14] Arquivos secretos, Inquisição, excomunhão, manuscritos, punições canônicas: o leitor é introduzido na ambiência de intriga religiosa que irá permear toda a primeira metade do livro.

Nos prólogos, opto por descrições quase cinematográficas — o que exige, na fase de pesquisa, a coleta de minúcias a fim de atiçar a imaginação do leitor. No caso daquele início de *Padre Cícero: Poder, fé e guerra no sertão*, tive que reconstituir o caminho feito pelo cardeal Ratzinger então diariamente, por uma rua de paralelepípedos e pela praça famosa, até chegar ao pesado portão de ferro na entrada do palácio do Santo Ofício — onde ele era recebido em continência por dois guardas suíços de uniformes em azul, vermelho e amarelo (a referência às cores, aqui, tinha a função de estimular impressões visuais).

Com o auxílio de filmes e fotografias, reparei na valise negra de couro que o cardeal sempre levava à mão e pude examinar, detidamente, o mobiliário de sua sala de despachos, onde a mesa de madeira escura na qual trabalhava abrigava, além das pilhas de papéis e de um crucifixo, uma luminária, um porta-lápis e um calendário. Todos esses elementos prosaicos entraram no texto. "A partir do momento em que um objeto comparece numa descrição, podemos dizer que ele se carrega de uma força especial, torna-se como o polo de um campo magnético, o nó de uma rede de correlações invisíveis", ensinava Italo Calvino.[15]

Quando me pus à frente do computador para escrever sobre Getúlio Vargas, passei bom tempo até decidir pela cena com a qual deveria iniciar uma série biográfica de três volumes. Devido ao recorte cronológico do primeiro tomo, *Getúlio (1882-1930): Dos anos de formação à conquista do poder*, selecionei um momento imediatamente posterior à chegada do biografado à cadeira presidencial. Entre os tantos episódios postos à disposição pelos documentos, defini que a narrativa iniciaria com a chegada à praia do Flamengo de uma esquadrilha de hidroaviões italianos, liderada pelo comandante Italo Balbo, ministro da aviação de Benito Mussolini. Era uma maneira de explicitar as controvérsias ideológicas que cercavam o líder civil da chamada Revolução de 30, então admirador confesso do regime italiano, meses antes definido por ele, em entrevista à imprensa gaúcha, como uma "renovação política criadora". Mas era também uma forma de construir uma narrativa plena de sugestões visuais:

> Na tarde daquele 15 de janeiro de 1931, uma quinta-feira de verão carioca, as 10 mil pessoas aglomeradas ao longo da amurada da praia do Flamengo voltavam os olhos para o horizonte. Os relógios marcavam quatro e meia em ponto quando onze hidroaviões Savoia Marchetti S-55 A, de fabricação italiana, surgiram por trás do Pão de Açúcar. As aeronaves vinham dispostas em impecável formação, tomando o aspecto de uma pirâmide no ar. As fuselagens prateadas brilhavam sob o sol, destacadas no fundo azul de um céu sem nuvens. No mesmo minuto, obedecendo a um movimento cronometrado, a proa de um destróier cinzento de 107 metros de comprimento apareceu por trás da silhueta do morro Cara de Cão, à entrada da baía de Guanabara.[16]

Para reconstituir a cena, recorri a vasta documentação, desde os boletins do serviço de meteorologia da época — para poder citar o "azul de um céu sem nuvens" — até o manual de instruções do fabricante dos hidroaviões — para informar, a seguir, os 24 metros de envergadura e 16 de comprimento, além das 5 mil toneladas de cada um. Assisti aos filmes de propaganda dos dois países sobre o episódio, li o diário de bordo de Italo Balbo, consultei a repercussão da façanha na imprensa do período: ASAS

GLORIOSAS DA ITÁLIA NOVA, foi a manchete do jornal fluminense *Correio da Manhã*.[17]

Na descrição da solenidade em que a comitiva de Balbo foi recepcionada por Getúlio, localizei o protocolo do cerimonial do Palácio do Catete (que exigia casaca, colete preto e gravata branca aos convidados), tomei nota dos pormenores arquitetônicos, dos afrescos e vitrais decorativos do salão de honra onde se deu a recepção, procurei uma cópia do cardápio servido no jantar de gala — preparado para impressionar o visitante com sabores exóticos da culinária brasileira: caldo de tartaruga, filés de robalo, carneiro ao forno e macuco assado.

Tais pormenores, aparentemente excessivos ou mesmo supérfluos, tendem a agregar ao texto o recurso narrativo que o escritor e semioticista francês Roland Barthes definiu como "efeito de real". Um legado da literatura realista, capaz de dotar as palavras de expressividade visual: "É uma cena pintada que a linguagem assume".[18]

Barthes citava uma cena da novela *Um coração simples*, de Gustave Flaubert, na qual uma das personagens, a sra. Aubain, se encontrava em uma sala de estar onde "um velho piano sustentava, abaixo de um barômetro, uma pilha piramidal de caixas e estojos".[19] Se a referência ao piano pode estar ali como indício do padrão de vida burguês da madame, se a pilha de caixas e estojos pode servir para denotar certa amostra da arrumação doméstica, a presença do barômetro é, sob todos os aspectos, gratuita. Ele, o instrumento de medir pressão atmosférica, nada significa — basta-se a si mesmo.

Flaubert contrariou, assim, a célebre regra preconizada pelo escritor e dramaturgo russo Anton Tchékhov: "Se no primeiro ato uma espingarda está pendurada na parede, no segundo ou no terceiro ela tem que atirar; pois se não vai ser usada, não deveria estar lá". Pois o barômetro aparece uma única vez na narrativa de *Um coração simples*, para depois sumir por completo da história.

Segundo Barthes, Flaubert o introduziu no texto apenas como sugestão imagética, para produzir um "efeito de real".

A esse respeito, Carlo Ginzburg evoca os conceitos clássicos de *enargeia* ("clareza, vividez") e *demonstratio* ("colocar a coisa diante dos olhos", em grego): "*Demonstratio* designava o gesto do orador que indicava um objeto invisível, tornando-o quase palpável — *enarges* — para quem o escutava, graças ao poder um tanto mágico de suas palavras".[20] Evaldo Cabral de Mello considera legítimo, à escrita da história, valer-se de tais recursos retóricos, para gerar no leitor a "revivência" dos episódios narrados. "Ocorreu que a historiografia atual, ao preço de tornar-se muitas vezes ilegível, rejeita e ignora a *enargeia*, pelo temor de não parecer científica", lamenta.[21]

Italo Calvino, por sua vez, dizia que, ao idealizar um conto, a primeira coisa que lhe vinha à mente era exatamente uma imagem, a partir da qual passava a desenvolver a narrativa. Quanto mais nítida ela fosse, melhor. Para Calvino, aliás, a "visibilidade" seria uma das seis características necessárias à literatura deste milênio. Bombardeados pelas imagens das mídias eletrônicas, nossos cérebros estariam perdendo uma faculdade humana fundamental: "a capacidade de pôr em foco visões de olhos fechados, de fazer brotar cores e formas de um alinhamento de caracteres alfabéticos negros sobre uma página branca".[22]

Fazer brotar cores e formas das palavras no papel é um desafio a qualquer escritor, inclusive ao de não ficção. Costumo perseguir esse recurso não só no início do livro, mas também na abertura de cada capítulo. Prender a atenção do leitor logo no começo do texto é imprescindível, mas mantê-la acesa até a última página é ainda mais fundamental.

"Seduza o leitor um pouco mais; mantenha-o curioso. Prossiga na construção do texto. Cada parágrafo deve amplificar o precedente. Procure ir acrescentando mais detalhes concretos, e menos o que é mera distração para o leitor", recomendava William Zinsser.[23]

"Mas cuide especialmente da última frase de cada parágrafo — trata-se do trampolim para o seguinte. Procure incluir nessa frase alguma pitada extra de humor ou surpresa, como os 'fechos' que os comediantes de *stand up* utilizam repetidamente em suas apresentações", detalhava. "Provoque um sorriso no seu leitor e com isso você já o terá conquistado para pelo menos mais um parágrafo."[24]

*

Delinear os cenários, de modo a torná-los "visíveis" ao leitor, é apenas uma das possibilidades da descrição. Retratar os traços distintivos dos personagens, em seus aspectos físicos, emocionais e psicológicos, parece-me tão relevante quanto. Uma boa narrativa pressupõe personagens consistentes. "Personagem é enredo", diz a frase atribuída ao romancista norte-americano F. Scott Fitzgerald, autor de *O grande Gatsby*.[25]

Umberto Eco desenhou retratos de todos os monges de *O nome da rosa* — para escrever sobre eles, sentiu a necessidade de visualizá-los.[26] No caso de uma escrita de não ficção, os personagens são reais. Precisamos conhecê-los bem, para que possamos entender-lhes os respectivos papéis dentro das tramas cruzadas de uma biografia.

Organizo fichas com informações a respeito de cada personagem, central ou secundário. Além de anexar fotografias a essa espécie de "prontuário" individual, tomo nota de características pessoais que vão da cor dos olhos e dos cabelos ao peso e à altura do indivíduo (quando tais informações são recuperáveis). Enumero o máximo de características fisionômicas, possíveis cacoetes, eventuais maneirismos. Quanto mais numerosos e minuciosos esses dados, mais convincente soará para o leitor a apresentação do personagem.

Vejamos como John Hersey, autor de *Hiroshima*, apresentou-nos Kiyoshi Tanimoto, um dos sobreviventes da explosão atômica:

> O sr. Tanimoto era um homem baixinho, sempre disposto a conversar, rir e chorar. Usava cabelo preto, um tanto longo, repartido ao meio; os ossos frontais salientes, logo acima das sobrancelhas; o bigode minúsculo, a boca e o queixo pequenos lhe conferiam uma estranha aparência de velho e jovem ao mesmo tempo, um ar de menino e no entanto sensato, frágil e no entanto apaixonado. Havia em seus movimentos nervosos e rápidos um controle que sugeria cautela e ponderação. E essas qualidades, ele as demonstrou nos dias de apreensão que precederam o lançamento da bomba.[27]

Ao mesclar particularidades físicas, traços de personalidade e padrões de comportamento, Hersey ajudou-nos a estabelecer laços de intimidade e empatia com Tanimoto. O brasileiro Luiz Fernando Mercadante, jornalista da equipe da legendária *Realidade*, era perito no que podemos chamar de "retratos escritos". Foi assim que Mercadante descreveu o ator Paulo Autran, para um perfil publicado pela revista em 1966:

> É um homem maduro, de cabelos grisalhos com entradas cada vez mais pronunciadas, de olheiras profundas contornando os olhos de combinação estranha — o esquerdo é verde, o direito, castanho —, o nariz e o queixo angulosos e agressivos, a testa alta, os lábios finos mordendo sempre um sorriso irônico, e mãos bem tratadas ajudando as frases com gestos naturais.[28]

Tanto Hersey quanto Mercadante tiveram a grande vantagem de poder entrevistar seus personagens, dispondo da observação direta para retratá-los. Quando isso não é mais possível, podem-se usar fotografias, vídeos e descrições de terceiros para caracterizar uma figura histórica. Na biografia de Zózimo Barrozo do Amaral, o jornalista Joaquim Ferreira dos Santos apresenta-nos Manuel Bernardes Muller, o Maneco Muller, primeiro colunista social da imprensa brasileira:

> Maneco Muller, como a mais fina sociedade o conhecia, penteava o cabelo com gomalina, sublinhando as calvas que em 1945, aos vinte e três anos, começavam a riscar sua cabeça com severidade dramática. Insinuava um quê de Nick Holmes, o detetive americano dos quadrinhos que surgiria pouco depois. Na boca carregava um cachimbo com jeito de Sherlock Holmes. A seu lado, estava sempre um cachorro. Esguio, o bicho atendia pelo nome de outro detetive, agora um sábio das investigações humanas — William Shakespeare Jr.[29]

Ainda que uma biografia traga fotografias dos mais diversos personagens, o cuidado em descrevê-los é parte necessária da escrita do gênero. Não para associar traços fisionômicos a valores morais, como faziam de modo determinista os antigos gregos e romanos, a exemplo de Plutarco e Suetônio. Mas para conferir à narrativa uma dose ainda maior daquela visibilidade de que nos falava Calvino.

Nem sempre, porém, o recurso é exequível. Embora os inquisidores costumassem pedir aos denunciantes descrições físicas dos denunciados, os processos de Gaspar e Filipa Rodrigues, personagens de *Arrancados da terra*, são bastante sucintos nesse detalhe. De Filipa, sabe-se apenas que era "uma mulher de rosto comprido, boca grande e olhos encovados". De Gaspar, nem isso.

O mesmo vácuo de informações enfrentou Elias Lipiner ao escrever a biografia de Izaque de Castro, outro judeu apanhado pelas teias e redes da Inquisição. Uma das testemunhas chegou a descrevê-lo como "um mancebo alto, sem barba", que andava "vestido como os franceses com uma roupeta abotoada por detrás". Nada mais. Lipiner comentou: "À falta de imagem fixada por meio de reprodução dos traços físicos, só restou dele o vulto etéreo formado no espírito de quem lê sua história".[30]

Além das descrições físicas de personagens e cenários, outros recursos narrativos podem ser engendrados para provocar o efeito de "visibilidade", proposto por Calvino. "Como é que um texto verbal consegue pôr-nos uma coisa diante dos olhos, como se realmente a víssemos?", também indagava Umberto Eco. Segundo ele, expandindo, em relação ao tempo da história, o tempo do discurso e o tempo da leitura. Ou seja: sugestionar o leitor, impondo-lhe ritmos para a fruição do texto.[31]

Vejamos como isso é possível.

6. "A narrativa é um cavalo" — e o narrador tem as rédeas

Há que dar informação com prazer.

Peter Gay

"O historiador pode dedicar dez páginas a um só dia e comprimir dez anos em duas linhas: o leitor confiará nele, como um bom romancista, e julgará que esses dez anos são vazios de evento", escreveu o historiador francês Paul Veyne em *Como se escreve a história*.[1] Em *A história de Tom Jones*, considerado o primeiro romance moderno, o escritor inglês Henry Fielding dilatou e condensou o tempo, mais longo nos capítulos iniciais, mais curto nos capítulos finais, imprimindo diferentes ritmos ao texto.[2]

Portanto, o tempo da história e o tempo do discurso são divergentes. Isso é próprio da técnica narrativa, estejamos tratando de ficção ou de não ficção. O primeiro volume de *Getúlio* compreende 49 anos, de 1882 a 1930. Esse é o tempo da história daquele tomo. Contudo, o tempo do discurso do livro — medido pela extensão de linhas e páginas escritas a respeito dos episódios que o compõem — varia bastante. Após o prólogo, o capítulo 1, que rastreia desde as origens familiares à infância do biografado, abrange 31 anos. Destinei a ele dezesseis páginas. Os cinco capítulos finais, de 16 a 20, tratam de um único ano, 1930, detalhando os eventos da revolução que levaram Getúlio Vargas ao poder. Para tanto, precisei de 132 páginas.

Mas, além de ditar a desproporção entre tempo da história e tempo do discurso, é possível manipular também o tempo de leitura, impondo ritmos ao leitor. Verbos de ação aceleram a narrativa. Descrições detalhadas retardam-na. Por meio do controle do andamento narrativo, intercalando ação e descrição, cria-se a atmosfera desejada. Tomem-se dois trechos de *Padre Cícero: Poder, fé e guerra no sertão*. O primeiro deles relata a profanação do túmulo da beata Maria de Araújo, protagonista dos presumidos milagres eucarísticos:

Cícero encontrou o jazigo já aberto, semidestruído. A tampa de cimento fora retirada e lá dentro se via apenas o escuro vazio da tumba. O corpo de Maria de Araújo havia sumido. Em meio à poeira e aos pedaços de tijolos, restavam fragmentos de panos e estilhaços do velho caixão de cedro, enegrecidos pelo tempo. Ninguém sabia dizer ao certo para qual lugar os restos mortais da beata tinham sido levados. Cícero remexeu os escombros e encontrou ainda um escapulário, o cordão do hábito marrom de são Francisco com que Maria fora enterrada e um pequeno pedaço de osso do crânio, onde se enredavam alguns fios de cabelo. Indignado com a profanação, recolheu cuidadosamente todos aqueles objetos a um pote de vidro e seguiu até o cartório municipal para registrar sua revolta por escrito.[3]

No segundo, o padre é testemunha de outro tipo de sortilégio:

Ao chegar ao local da contenda, Cícero não conteve o asco. Encontrou Zé Pinheiro sentado sobre a barriga do defunto, rasgando-lhe o peito a punhaladas, como quem se prepara para desossar a carcaça de um boi abatido no matadouro. O corpo fora arrastado por uma das pernas, de dentro de casa, até a sombra do mesmo cajueiro onde morrera Sinhozinho. Lá, estava sendo reduzido a frangalhos. A visão era repugnante: Pinheiro cortara com o punhal o lábio superior de Feitosa para arrancar-lhe o bigode, que depois mergulhou numa garrafa de cachaça. "É para temperar a bebida", justificou, em meio a uma gargalhada sinistra. Na face do cadáver havia uma ferida sanguinolenta. O cangaceiro arrancara, pouco antes, uma das bochechas de Feitosa a dentadas.[4]

Nos dois casos, os detalhes servem para tentar levar o leitor "para dentro da cena" — e, ao mesmo tempo, determinar o ritmo e provocar reações específicas de leitura. No primeiro, apela-se para a expectativa em torno de um enigma: a cova vazia, o roubo de um corpo, a aparição de vestígios da profanação da sepultura. No segundo, buscou-se sequência de ritmo mais acelerado, com a superposição de três tempos narrativos: (1) o momento em que o corpo de Feitosa é arrastado de casa, (2) o ultraje ao cadáver e (3) o instante em que Zé Pinheiro mergulha o lábio do defunto em cachaça.

"A narrativa é um cavalo", dizia Italo Calvino, "um meio de transporte cujo tipo de andadura, trote ou galope, depende do percurso a ser executado, embora a velocidade de que se fala aqui seja uma velocidade mental."[5] Não à toa, a "velocidade" é outra das estratégias indicadas por Calvino em *Seis propostas para o próximo milênio*. "Esta apologia da rapidez não pretende negar os prazeres do retardamento", ressalvava. "A literatura desenvolveu várias técnicas para retardar o curso do tempo."[6]

Umberto Eco definia uma dessas técnicas de dilação narrativa como "passeio inferencial" — permitir ao leitor fazer inferências, estabelecer previsões, traçar hipóteses sobre o que virá a seguir no texto. Em suma, produzir suspense. "Não devemos cometer o erro de pensar que os sinais de suspense são característicos unicamente dos folhetins baratos ou dos filmes comerciais", defendia Eco. "O processo de fazer previsões constitui um aspecto emocional necessário da leitura, que coloca em jogo esperanças e medos, bem como a tensão resultante de nossa identificação com o destino das personagens."[7]

"Como leitores, nos tornamos participantes ativos do drama, como se estivéssemos ao lado do biografado enquanto ele vivia sua vida", concordava Stephen B. Oates, professor da Universidade de Massachusetts Amherst e autor de *Biography as High Adventure*. "Identificamo-nos com ele e com as suas relações, com as suas ideias e sentimentos, com suas ansiedades e alegrias."[8]

Na escrita de uma biografia, esforço-me para alternar ritmos internos — trotes e galopes, como queria Calvino — na tentativa de evitar monotonias no percurso a ser transposto pelo leitor. Também me empenho no uso constante dos passeios inferenciais sugeridos por Eco. No interior dos capítulos, na construção cena a cena, estabeleço cortes narrativos, variações de perspectiva, como se estivesse trabalhando na montagem de um filme. Às vezes súbitos e secos, às vezes lentos e suaves, os *fade in* e *fade out* típicos da linguagem cinematográfica — transições de uma imagem a outra por meio da iluminação e do escurecimento da tela — podem ser obtidos na escrita por meio de espaços de duas linhas em branco na página, separando blocos de texto.

Quando estou trabalhando nos originais de um livro, por convenção gráfica, indico ao editor o momento em que devem entrar tais respiros, intercalando um asterisco, centralizado, entre os respectivos parágrafos nos quais desejo provocar o corte narrativo. Zinsser também recomenda o uso do recurso: "É uma sinalização.

Ele informa que você organizou o seu texto de uma determinada maneira e que uma nova etapa irá começar — talvez alguma mudança cronológica, como um flashback, uma mudança de assunto, de ênfase ou de tom".[9]

Nos originais deste livro, logo após o parágrafo anterior, coloquei o tal asterisco, substituído, pelo editor, por estas duas linhas em branco aí em cima. Além dos cortes internos, nunca permito que os capítulos se concluam em si mesmos. Ao contrário, deixo a narrativa sempre em aberto ao final de cada um deles. Costumo introduzir um "gancho", para ser explorado no capítulo subsequente, procurando erigir pontes de um para outro. Para segurar o leitor, não se deve entregar-lhe tudo de vez, mas sempre deixá-lo curioso em relação à continuidade da história.

Como exemplo, vejamos como termina o capítulo 17 do terceiro volume de *Getúlio*, quando o então presidente, no contexto da Segunda Guerra, rompeu a política de neutralidade e orientou os embaixadores brasileiros na Alemanha, Itália e Japão a comunicarem aos respectivos governos o rompimento diplomático e comercial com o Eixo:

> Ao tomar conhecimento da nota entregue pelos embaixadores brasileiros, os países totalitários europeus tiveram reações idênticas, de aberta indignação. Berlim ordenou que Prüffer deixasse prontamente o país e seguisse para Buenos Aires. Em Roma, Mussolini mandou que o genro Galeazzo Ciano, ministro fascista do Exterior, encaminhasse mensagem ao Rio de Janeiro com um recado sinistro: "O Duce tem memória de elefante. Chegará o dia em que ele fará o Brasil pagar caro por essa decisão".[10]

Torço para que o leitor, movido pela curiosidade diante da ameaça de Mussolini, tenha virado a página e seguido adiante. O quinto capítulo da segunda parte de *Padre Cícero* narra o cerco das forças governamentais a Juazeiro do Norte. Os soldados haviam recebido ordens de invadir a cidade para desalojar de lá o líder religioso, arrastando-o para Fortaleza, vivo ou morto. Assim termina o capítulo:

"Por volta do meio-dia, os juazeirenses ouviram os primeiros estampidos na entrada da cidade. As tropas do governo haviam chegado. Era muita gente e muito rifle, constataram os moradores. Soldados a perder de vista".[11]

Fiz de conta que eu próprio não sabia o que viria a seguir, no capítulo subsequente. "Fingir ignorar o que virá em seguida" — afirmava François Dosse, em *O desafio biográfico* — serve para "conservar a atenção do leitor, na expectativa de um futuro que desvelará progressivamente o tecido da intriga."[12] Maurois tinha idêntica opinião: "Devemos fingir ignorância do que sabemos perfeitamente?", ele se indagava. "A rigor, acho que sim", respondia. "É um artifício, talvez, mas a palavra 'artifício' contém a palavra arte."[13]

Em um texto literário, é fácil distinguir o autor do narrador. Em *Dom Casmurro*, Machado de Assis é o autor; Bentinho, o narrador. Em *Grande sertão: veredas*, o autor é Guimarães Rosa; Riobaldo, o narrador. O escritor de ficção institui vozes narrativas, em primeira ou terceira pessoas, para provocar ambiguidades, parcialidades, perspectivas, visões subjetivas da trama. Na urdidura de uma obra de não ficção, a diferença é mais sutil, mas também possível.

O narrador de *Padre Cícero: Poder, fé e guerra no sertão* é um; o de *Getúlio*, outro. Para escrever a biografia do sacerdote, procedi a toda uma pesquisa lexicográfica, recorrendo a dicionários, vocabulários, glossários e adagiários da fala nordestina, com o objetivo de incorporar ao texto um repertório de palavras, expressões e ditos populares sertanejos. Tratava-se de ambientar e enfronhar o leitor no âmago da trama:

> Aquela alma queria reza. Angélica Vicência não gostou nada de ver padre Alexandrino ali, na casa do irmão dela, a pretexto de fazer visita de cortesia a dona Quinô. Ainda mais que Cícero estava ausente do Juazeiro, de viagem para Fortaleza, por ordem do bispo. Para Angélica, Alexandrino era o capeta em forma de gente. Não era bem-vindo naquela morada. O vigário tentou fazê-la ver que não adiantava tanta rebeldia, tanta desfeita. Não havia mais como fugir à decisão do Vaticano. Estava tudo acabado.[14]

No trecho acima, a busca pela dicção nordestina manifesta-se no uso de expressões regionais, "alma que quer reza", "capeta em forma de gente". Para alternar pontos de vista, empreguei o discurso indireto livre — a introdução das falas dos personagens, sem aspas, no discurso do próprio narrador. Para reconstituir as vozes de Angélica e Alexandrino, foram utilizados trechos do relatório oficial enviado ao então bispo do Ceará, que ordenara a investigação em torno dos pretensos milagres de Juazeiro do Norte.

Em *Getúlio*, o enunciado é mais objetivo, pois houve a opção por uma linguagem o mais próxima possível do registro jornalístico, embora o discurso indireto livre também tenha sido utilizado:

> Walder Sarmanho, oficial de gabinete e cunhado de Getúlio, estacionou o carro em frente à portaria do Country Club, em Ipanema. Identificou-se na recepção e, apressado, tratou de localizar a irmã, Darcy Vargas. Não foi difícil. Ela dividia uma das mesas centrais do salão com Alzira e Jandira. Ponto de encontro da elite carioca, o Country promovia naquela noite um jantar dançante. Era a primei-

ra vez que as filhas de Getúlio tinham a oportunidade de participar de evento tão elegante na capital da República. Mas o tio Walder estava ali para lhes transmitir um recado não muito simpático. Teriam que abandonar a festa pela metade. Darcy, Alzira e Jandira precisavam retornar imediatamente ao palácio Guanabara. Ordens do próprio Getúlio Vargas.[15]

Quando pesquisava a documentação para escrever *Arrancados da terra*, tentei familiarizar-me com os modos de pensar, falar e escrever dos protagonistas da história. Fui em busca tanto de relatos de cronistas contemporâneos aos fatos quanto de dicionários de época, desde o *Thesouro da língua portuguesa*, do Frei Domingos Vieira, publicado em 1871, até o *Indiculo Universal*, de António Franco, que dizia conter "os nomes de quazi todas as couzas que há no mundo & os nomes de todas as artes & sciencias", editado em 1717. Foram-me de enorme valia, do mesmo modo, compilações mais recentes, a exemplo do *Dicionário de máximas, adágios e provérbios*, de Jayme Rebelo Hespanha, de 1936, e o *Provérbios e frases proverbiais do século XVII*, de Freitas Casanovas, de 1973.

Além de elucidar vocábulos e expressões cujos significados se modificaram ou se perderam ao longo dos séculos, os adagiários e dicionários históricos ajudam-nos a reconstruir a atmosfera de época, por meio do emprego calculado e comedido de certos arcaísmos, como neste trecho de *Arrancados da terra*:

> O alarme em torno de uma conspirata de hereges, judeus e calvinistas mancomunados com uma linhagem de bastardos portugueses sobressaltava os conselheiros do rei espanhol. "Guarda-te de teu inimigo como do diabo", já recomendava o adágio que constava nos *Refrões e provérbios em romance coligidos pelo comendador Hernán Núñez*, publicados em 1555, em Salamanca, com a devida licença da Santa Inquisição. "De conhecer o perigo nasce saber vencê-lo."[16]

Paul Murray Kendall, biógrafo de Luís xvi, comparava a artesania do texto biográfico com a feitura de uma obra de arte. "O biógrafo está imerso no que faz e, como o romancista e o pintor, molda seu material para criar efeitos."[17] Não à toa, a biógrafa norte--americana Jean Strouse, colaboradora da *New Yorker* e do *New York Times Book Review*, associa o prestígio contemporâneo das biografias à implosão do romance clássico, após as revoluções de linguagem promovidas pelas vanguardas literárias do século xx. "O romance não é mais a forma predominante. A biografia está entrando na brecha, retratando pessoas e épocas particulares, da forma como faziam os grandes romances do passado."[18]

Assim como acredito que cada história exige a própria estratégia narrativa — e, por conseguinte, o próprio narrador —, procuro vislumbrar ambientações desde o planejamento da estrutura da obra, o que inclui projetar o formato e a linguagem que irão ter epígrafes e títulos de capítulos. É necessário dar particular atenção a esses elementos, que o teórico e crítico literário Gérard Genette chamava de "paratextos".[19] Eles devem funcionar como mensagens emitidas pelo autor, destinadas a conduzir o leitor pelas intenções do próprio texto. Por isso mesmo, o ensaísta Philippe Lejeune afirmava que essas "franjas do texto impresso", na realidade, de forma engenhosa, "comandam toda a leitura".[20]

É o caso das epígrafes, citações textuais colocadas em destaque no início da obra. Considero-as oportunas para explicitar, justificar ou reforçar, para o conhecimento e a compreensão do leitor, a natureza, o conteúdo e as motivações de um livro. Em *Castello: A marcha para a ditadura*, recorri a Maquiavel. A ideia era antecipar, por meio de uma frase extraída de *O príncipe*, as tensões, divergências e oposições, internas e externas, próprias ao regime militar inaugurado pelo marechal Castello Branco: "São teus inimigos todos aqueles que se sentem ofendidos pelo fato de ocupares o principado; e também não podes conservar como amigos aqueles que te puseram ali, pois estes não podem ser satisfeitos como pensavam".[21]

Em *Maysa: Só numa multidão de amores*, a personalidade intempestiva da cantora é anunciada ao leitor desde a epígrafe, com auxílio de trecho da confessional "Resposta", composição de autoria da biografada: "Só digo o que penso/ só faço o que gosto/ e aquilo que creio./ E se alguém não quiser entender/ E falar pois que fale./ Eu não vou me importar com a maldade/ De quem nada sabe".[22]

No primeiro volume de *Getúlio*, também usei como epígrafe uma frase do biografado, mas ali com propósito irônico: "Sou contra biografias". O objetivo era deixar evidente que não se tratava de uma hagiografia, como as tantas escritas sobre o ex-presidente. Em *Uma história do samba*, com a bela contribuição de "Desde que o samba é samba", música de Caetano Veloso, ressaltei a ideia de o gênero musical em questão ter brotado nos interstícios da agonia e da festa: "O samba é pai do prazer/ o samba é filho da dor".[23]

Do mesmo modo, ao nomear os capítulos, o autor pode enviar recados e indicações ao leitor. Em *Castello: A marcha para a ditadura*, os títulos dos capítulos reproduzem trechos do Hino Nacional Brasileiro: "As margens plácidas (infância e juventude)", "Filho teu não foge à luta (O Brasil na Segunda Guerra Mundial)", "A clava forte (Os militares no poder)", e assim por diante. Foi uma forma de sugerir e ilustrar a apropriação e o sequestro dos símbolos nacionais pelo regime ditatorial.

Em *Maysa*, os capítulos receberam títulos de canções gravadas pela artista. "Tristeza de nós dois", por exemplo, conta as dificuldades do casamento dela com o ator Carlos Alberto. "Estranho mundo feliz" trata do retorno promissor da cantora ao Brasil, depois de uma temporada de ostracismo na Europa. Em *Padre Cícero*, busquei imprimir aos títulos internos certo tom de oralidade, típico da literatura popular e da crença sertaneja: "É preciso dar um basta à anarquia: padres vivem amancebados, lobisomem corre solto no sertão"; "Beata sangra as chagas de Cristo: uns dizem que é graça de Deus; outros, ardileza de Satanás".

Em *Getúlio*, ao contrário, os títulos são sóbrios, simulam manchetes e chamadas de jornal: "Ministro da Guerra denuncia complô de sargentos para depor Dutra e recolocar Getúlio no Catete"; "Coronéis lançam manifesto contra governo e deputados votam o impeachment de Getúlio". Em *Uma história do samba*, optei por capítulos de títulos curtos, mais alusivos do que explicativos: "O enterrado vivo", "Sambas e passarinhos", "Da praça Onze a Paris".

Por fim, em *Arrancados da terra*, todos os capítulos receberam títulos entre aspas, com citações textuais, extraídas da documentação. São, portanto, quase epígrafes: "Que o medo os retraia do delito", frase retirada do *Directorium inquisitorum*, o manual dos inquisidores; "O rei tecerá maus fios", trecho de relatório do conselheiro holandês à Companhia das Índias Ocidentais; "Parecia um Dia do Juízo", excerto de *O valoroso Lucideno*, livro do frei Manoel Calado; "O Eterno é o senhor da guerra", extraído de versículo do Êxodo.

Eco gostava de se autoimpor restrições no planejamento de seus livros. "As restrições são fundamentais a todos os empreendimentos artísticos", comparava.

> Um pintor que decide usar tinta a óleo em vez de têmpera, uma tela em vez da parede; um compositor que opta por determinado tom; um poeta que escolhe empregar dísticos rimados, ou hendecassílabos em vez de alexandrinos — todos estabelecem um sistema de restrições.[24]

Nomear os capítulos da forma que gosto impõe-me restrições, a título de desafio narrativo. Eco era muito mais exigente consigo mesmo. Desafiou-se a escolher as sete trombetas do Apocalipse para narrar a sucessão de eventos em *O nome da rosa*. Ao planejar *O pêndulo de Foucault*, decidiu que o livro deveria ter 120 capítulos divididos em dez partes, como os Sefirot da cabala judaica.[25]

Minhas autoimposições são mais módicas, embora igualmente obsessivas. Inclusive planejo para que cada capítulo tenha o mesmo número de páginas, com pequenas variações, para mais ou para menos. Além de idiossincrasias de autor, penso que isso ajuda a construir um ritmo de leitura, introduzindo métricas internas à narrativa.

Mesmo quando o biógrafo se julga bem treinado no controle dos diversos mecanismos de sua máquina de narrar, ele jamais terá o dom da onisciência. Na pesquisa, cedo ou tarde, será confrontado por lacunas documentais. Em vez de tentar preenchê-las com a fantasia na hora da escrita, deve estar consciente de que elas são inevitáveis.

"A única maneira prática de dizer ao público o quanto sabemos é revelar o máximo possível sobre nossas fontes e métodos. Como sabemos o que sabemos? Quais são nossas fontes? Que tanto sabem elas? O que não sabemos?", indicam Bill Kovach e Tom Rosenstiel, em *Os elementos do jornalismo*. "Chamamos a isso de Regra da Transparência. Consideramos essa regra o mais importante na criação de uma melhor disciplina de verificação. A mentira, ou o erro, está em pretender ser onisciente ou alardear mais conhecimento do que realmente temos."[26]

Quanto mais remoto for o período escolhido para a investigação, mais possibilidades de lacunas. Para escrever sobre Martin Guerre — o camponês desaparecido e substituído na própria casa por um impostor, que lhe toma as terras e até a esposa, Bertrande —, a historiadora norte-americana Natalie Zemon Davis partiu das anotações de Jean de Coras, um dos juízes responsáveis pelo caso, ocorrido em 1560. Davis consultou os escritos de outra testemunha ocular do julgamento, Guillaume Le Sueur, advogado em Toulouse. Em busca de informações suplementares, investigou o registro de sentenças e examinou antigos manuscritos cartoriais. Ainda assim, não teve como recuperar todas as peças do quebra-cabeça que compunha tão desconcertante história.

Na introdução do livro, a autora tratou de acautelar os leitores:

> [...] fiz o máximo para descobrir, através de outras fontes da época e do local, o mundo que [Martin e Bertrande] devem ter visto, as reações que podem ter tido. O que aqui ofereço ao leitor é, em parte, uma invenção minha, mas uma invenção construída pela atenta escuta das vozes do passado.[27]

Em um comentário ao trabalho de Davis, Carlo Ginzburg discutiu a validade da empreitada. "A pesquisa (e a narração) de Davis não é centrada na contraposição entre 'verdadeiro' e 'inventado', mas na integração, sempre escrupulosamente assinalada, de realidades e possibilidades", observou. "Decorre daí o pulular, em seu livro, de expressões como 'talvez', 'deviam', 'pode-se presumir', 'certamente' (que na linguagem historiográfica costuma significar 'muito provavelmente')."[28]

De fato, ao lermos *O retorno de Martin Guerre*, deparamo-nos com tais advertências a cada página. Grifos meus: "O contrato de casamento entre Bertrande e Martin não chegou até nós, mas *podemos imaginar* o seu conteúdo a partir de muitos outros que lhe sobreviveram", lê-se no primeiro capítulo.[29] No segundo, temos:

> *Não deve ter sido* fácil para um menino de Labourd crescer em Artigat. [...] Às vezes, *imagina-se*, tivera permissão para correr com

os meninos da aldeia. [...] Não *teria ouvido* graçolas dos camaradas por causa do nome Martin? [...] Martin era nome de bicho, de asno, e na tradição local os pastores usavam-no para o urso que encontravam nas montanhas.[30]

De conjectura em conjectura, de suposição em suposição, todas assumidas e assinaladas ao leitor, sempre ancoradas nos "limites do possível" e na "Regra da Transparência", Natalie Zemon Davis escreveu um livro irresistível, impossível de largar. "Unindo erudição e imaginação, provas e possibilidades, Davis mostrou que também se pode escrever a história de homens e mulheres como eles [Martin e Bertrande]", sentenciou Ginzburg.[31]

Na biografia de Tiradentes, Lucas Figueiredo deparou-se com a problemática das fontes rarefeitas em relação à vida privada do protagonista. Em vez de escamoteá-la, encontrou formas criativas — e não fantasiosas — de contorná-la:

> Era um senhor na casa dos quarenta anos e de cabelos brancos chamado Joaquim José da Silva Xavier. Ele tinha uma casa alugada na rua São José, a apenas seiscentos metros da igreja de São Francisco de Assis. Como alguns de seus caminhos recorrentes passavam em frente ao templo, só seria por distração absoluta ou total falta de curiosidade — o que, registre-se, não eram de seu feitio — que Joaquim teria deixado de acompanhar Aleijadinho trabalhando na portada e no lavabo da sacristia.[32]

Neste curto trecho, o autor introduziu três notas, para indicar as fontes primárias e secundárias nas quais se baseou para escrevê-lo. Mas os documentos não respondiam a uma indagação específica: Tiradentes e Aleijadinho, personagens tão fascinantes e contemporâneos entre si, tiveram a oportunidade de se conhecer? Pelo que Figueiredo investigou, não se pode afirmar que sim ou que não. Nem por isso ele se furtou a informar ao leitor que, no limite do possível, os dois podem ter se cruzado várias vezes pelas ruas de Ouro Preto.

Em *Arrancados da terra*, lidei com incontornável lacuna cronológica entre a fuga de Gaspar Rodrigues, de Lisboa — após ele desobedecer à sentença da Inquisição portuguesa que o condenou ao uso perpétuo do sambenito, o traje da infâmia —, e o seu reaparecimento, anos depois, em Amsterdam. Por mais que tenha interrogado os papéis em busca de alguma pista do personagem nesse intervalo de tempo, nada encontrei. Era preciso assumir essa incompletude para o leitor, de modo transparente, sem subterfúgios e sem comprometer o fio narrativo:

> Há um hiato documental sobre o paradeiro de Gaspar Rodrigues Nunes durante os anos imediatamente subsequentes ao dia em que foi visto caminhando, sem vestir o sambenito, pelo bairro lisboeta de Alfama. Lacuna cronológica compreensível, por se tratar de um indivíduo que decidira viver pelas sombras, apagando os rastros da própria narrativa, em constante despistamento, para escapar à vigilância dos inquisidores.
>
> Presume-se que a mulher enferma tenha falecido pouco tempo depois de ver a sentença comutada em penitências espirituais: em 1602, decorridos quatro anos do último registro do nome de Filipa nos arquivos do Santo Ofício, Gaspar foi pai mais uma vez, já casado com uma segunda mulher, Antônia Soeira.[33]

Em *Getúlio*, jamais poderia narrar com detalhes os instantes imediatamente anteriores à morte do biografado. Ele cometeu suicídio trancado no quarto, sozinho, sem testemunhas. Decidi contar a cena a partir da perspectiva e do testemunho dos que entraram no aposento após ouvir o disparo:

O barulho seco de um tiro ecoou no palácio.

Lutero se levantou assustado e disparou para o quarto do pai.

Abriu a porta e, logo atrás dele, Darcy e Alzira entraram correndo.

Getúlio estava deitado, com meio corpo para fora da cama. No pijama listrado, em um buraco chamuscado de pólvora um pouco abaixo do monograma GV, bem à altura do coração, borbulhava uma mancha vermelha de sangue. O revólver Colt calibre 32, com cabo de madrepérola, estava caído próximo à mão direita.

Getúlio lançou um olhar indefinido pelo quarto. Era como se nos segundos que lhe restavam de vida estivesse procurando, entre os que o rodeavam, identificar a presença de alguém.

Os olhos, depois de um derradeiro vaguear, permaneceram imóveis, as órbitas fixas em Alzira.

"Joguei-me sobre ele, numa última esperança", a filha escreveu, anos depois. "Apenas um leve sorriso me deu a impressão de que ele me havia reconhecido."[34]

Creio que o pacto de veracidade com o leitor ficou mantido. Se, na ficção, o autor estabelece um pacto ficcional, uma "suspensão da incredulidade" — por meio do qual o leitor sabe que a narrativa é imaginária, mas aceita fazer de conta que é verdadeira, para poder frui-la a contento —, em não ficção ocorre o contrário. É necessário propor uma "suspensão da suspeição", de modo que o leitor confie na autenticidade do texto e na honestidade do autor, sempre com base na explicitação de fontes fidedignas — ou na clara indicação da contingente ausência delas.

Ao falarmos de honestidade em relação à biografia, adentramos um terreno escorregadio, mas de obrigatória discussão. Qual a ética do biógrafo? Quais os limites daquele que tem por ofício devassar a vida alheia?

7. Quais os limites éticos do biógrafo?

Todo biógrafo não será monstruoso por definição? Cada um ao seu jeito, não será cego de um olho e estrábico do outro? Não enxerga o que pode, não reproduz o que quer e não engendra só o que é conveniente?

Silviano Santiago

"Em seu trabalho, de fato, o biógrafo se assemelha a um arrombador profissional que invade uma casa, revira as gavetas que possam conter joias ou dinheiro e finalmente foge, exibindo em triunfo o produto de sua pilhagem."[1] A provocação é da jornalista norte-americana Janet Malcolm, autora de *A mulher calada*, ensaio-reportagem sobre os bastidores da elaboração das cinco biografias já escritas sobre Sylvia Plath — a poeta que se suicidou aos 31 anos, pondo a cabeça dentro de um forno, com o gás ligado, enquanto os filhos pequenos dormiam no quarto ao lado.

"O biógrafo é apresentado quase como uma espécie de benfeitor. Sacrifica anos de sua vida no trabalho, passa horas intermináveis consultando arquivos e bibliotecas, entrevistando pacientemente cada testemunha", ironiza Malcolm. "Não há nada que não se disponha a fazer, e quanto mais o livro refletir sua operosidade, mais o leitor acreditará estar vivenciando uma elevada experiência literária e não simplesmente ouvindo mexericos de bastidores e lendo a correspondência alheia."[2]

Para Malcolm, a biografia estabeleceria a cumplicidade entre leitor e autor em torno de uma atividade excitante e, ao mesmo tempo, pervertida: "[...] atravessar o corredor na ponta dos pés, parar diante da porta do quarto e espiar pelo buraco da fechadura". Nessa mancomunação, "O voyeurismo e a bisbilhotice que motivam tanto os autores quanto os leitores das biografias são encobertos por um aparato acadêmico destinado a dar ao empreendimento uma aparência de amenidade e solidez semelhantes às de um banco".[3] Não há como negar que o voyeurismo — o desejo e o prazer de espreitar a intimidade alheia — é um dos principais ingredientes do interesse pelas biografias, sobretudo aquelas escritas por jornalistas. Na abertura de *O reino e o poder*, a "biografia" do *New York Times*, Gay Talese afirma que os jornalistas são "incansáveis voyeurs que veem os defeitos do mundo, as imperfeições das pessoas e dos lugares". Prossegue Talese:

> Uma cena sadia, que compõe boa parte da vida, ou a parte do planeta sem marcas de loucura não os atraem da mesma forma que tumultos e invasões, países em ruínas e navios a pique, banqueiros banidos para o Rio de Janeiro e monjas budistas em chamas — a tristeza é seu jogo, o espetáculo, sua paixão; a normalidade, sua nêmese.[4]

Sendo uma característica inerente ao ofício, foi consubstanciada na velha máxima: "Se o cachorro morde o homem, não é notícia; notícia é o homem morder o cachorro". Ao transpormos o mesmo critério para as grandes narrativas de não ficção — biografias aí incluídas —, chegaremos à idêntica conclusão: histórias humanas nos despertam o interesse na medida em que, de tão singulares, fujam do padrão, do curso habitual dos acontecimentos. Realçar as singularidades do indivíduo está na própria origem e evolução do gênero biográfico. Na Antiguidade, ele surgiu como discurso de louvação das virtudes. Na Idade Média, enalteceu a vida dos santos. A partir do Renascimento, exaltou a figura do herói. No século xix, gabou os tais "grandes homens". Hoje, ainda segue a retratar preferencialmente indivíduos singulares — não mais para louvá-los, mas sob o pretexto de compreendê-los em suas contradições e complexidades.

É por esse aspecto que compreendo e assumo a biografia como um gênero essencialmente transgressivo. "Transgredir é essencial na biografia", concordava Alberto Dines, biógrafo brasileiro do escritor austríaco Stefan Zweig. "Mais do que gênero literário, a biografia é um desacato", dizia Dines.[5]

Virginia Woolf apresentava a questão nos seguintes termos: "O biógrafo é ligado por fatos. Mas, se é assim, deve ter direito a todos os fatos disponíveis". Portanto, se o biografado "jogou as botas na cabeça da criada, tinha uma amante em Islington ou foi encontrado bêbado na sarjeta após uma noite de orgia, ele [o biógrafo] deve ser livre para assim dizer — na medida mínima em que a lei da difamação e o sentimento humano permitem".[6]

Woolf comparava as pudicas biografias oficiais da era vitoriana aos bonecos de cera em tamanho real, representando figuras da realeza britânica, carregados pela rua em procissões e funerais e depois preservados na abadia de Westminster — costume que remonta a Eduardo iii, morto em 1377. "[São] efígies que guardam somente uma lisa e superficial semelhança com o corpo no caixão", dizia Woolf, para quem a verdadeira biografia deve escrutinar os pontos mais embaraçosos de uma existência, detectando falseamentos, infringindo interditos, desobedecendo aos recatos.[7]

Por isso mesmo, o jornalista, escritor e dramaturgo italiano Corrado Augias já definiu a biografia como "a história em camisola de dormir".[8] Não à toa, muitas personalidades célebres, a exemplo dos poetas anglo-americanos T. S. Eliot e W. H. Auden, deixaram recomendações expressas a herdeiros, familiares, amigos e advogados para que jamais permitissem a publicação de livros biográficos a respeito deles. Advertência que não impediu os biógrafos Peter Ackroyd, no caso de Eliot, e Humphrey Carpenter, no de Auden, de subverterem a vontade de ambos.

"Biografias de escritores são sempre supérfluas e geralmente de mau gosto", desmerecia Auden. "Um escritor é um criador, não um homem de ação. Certamente, algumas de suas obras, e em certo sentido todas elas, são transmutações de suas experiências pessoais", justificava. "Nenhum conhecimento dos ingredientes crus explicará o sabor peculiar das iguarias verbais que ele convida o público a provar: sua vida privada não é, ou não deveria ser, objeto de preocupação para ninguém, exceto para si mesmo, sua família e seus amigos."[9]

Para permanecermos no território dos poetas de língua inglesa, Alfred Tennyson questionava a curiosidade popular em torno das extravagâncias de George Gordon Byron (assim como Tennyson, laureado com o título de *Lord* pela coroa britânica): "Que interesse o público quer ter sobre as loucuras de Byron? Ele lhe deu um bom trabalho e as pessoas devem ficar satisfeitas com isso".[10] Para Lord Tennyson, os escândalos amorosos bissexuais, a venda da biblioteca particular para pagar dívidas, as viagens rocambolescas, as infindáveis bebedeiras e o engajamento revolucionário de Lord Byron na Grécia otomana não seriam da conta de ninguém. De Byron, bastava que lêssemos seus poemas.

O biógrafo Sidney Lee, compatriota de Tennyson e Byron, discordava.

O biógrafo é um narrador, não um moralista, e a franqueza é o sal de sua narrativa. A biografia é um retrato verdadeiro da vida, do emaranhado da vida, do bem e do mal juntos. Ela compromete suas chances de êxito quando é conscientemente concebida como um guia ético da existência.[11]

Para Lee, "o objetivo da biografia não é a edificação moral que pode fluir da investigação sobre o vício ou a virtude, mas a busca pela transmissão da personalidade do biografado".[12]

Isso não significa que o biógrafo deva agir como um empreiteiro de demolição, munindo-se de marretas, martelos hidráulicos, britadeiras, guindastes, guinchos, alicates de corte, pulverizadores e retroescavadoras para fazer desmoronarem os alicerces do edifício da memória do biografado. "Embora ele não possa ocupar o púlpito do pregador, um toque de simpatia pela fragilidade humana, de compaixão para com os erros, preparará melhor o biógrafo para a tarefa", sugeria Lee.[13] "Como o retratista fascinado por aspectos negativos no semblante de um modelo, ele pode, mesmo sem intenção consciente, produzir uma caricatura em vez de um retrato."[14]

Quando publiquei o primeiro volume da biografia de Getúlio Vargas, fui entrevistado em casa por um colega jornalista cuja primeira pergunta arguia as intenções da obra. "É um livro contra ou a favor de Vargas?", indagou-me. Tive de explicar que a motivação da escrita biográfica não é proceder a um julgamento sumário do biografado. O biógrafo deve perscrutar as zonas de luz e sombra do personagem, revelando-lhe qualidades e defeitos, vitórias e derrotas, méritos e deslizes. Ao biografar o ex-presidente, respondi, buscara compreender-lhe as muitas contradições.

No curso daquela entrevista, discorri longamente sobre a argúcia política de Getúlio como construtor de consensos, ao passo que comentei os traços de personalismo típicos de um autocrata. Realcei tanto os avanços sociais quanto as perseguições ideológicas do Estado Novo. Destaquei as conquistas da legislação trabalhista na mesma medida em que sublinhei a tortura infligida aos adversários do regime. Reconheci os esforços de modernização da máquina pública promovidos pelo ex-presidente, mas deplorei a bestialidade da censura e a truculência da polícia política posta a seu serviço. No fim da conversa, antes de levantar e desligar o gravador, o colega me lançou uma derradeira questão: "O.k., entendi tudo; mas, afinal de contas, Getúlio era 'do bem' ou do 'mal'?".

Afundei no sofá, desolado. As pessoas gostam de histórias com vilões e mocinhos bem definidos, como em telenovelas ou desenhos animados. Mas a vida real é bem mais complexa do que isso.

Gosto da metáfora cunhada por Leon Edel, o biógrafo de Henry James: a biografia tem o objetivo de encontrar o biografado na "figura por baixo do tapete". No alinhavado de uma vida, discernir o indivíduo oculto por trás da face mais visível, desvelar o emaranhado de pontos e nós que formam o avesso do bordado.[15]

"A biografia expressa nestes termos torna-se mais do que um simples relato de fatos, mais do que uma descrição dos feitos minuciosos de uma pessoa, mais do que um estudo de realizações, permitindo-nos vislumbrar os mitos por dentro e por trás do indivíduo", explica Edel. "O mito interior que todos criam para viver, o mito que nos diz que temos algum ser, alguma individualidade, algum objetivo, algo pelo qual lutar além da satisfação da comida, do sexo ou do conforto do corpo."[16]

Faz-se necessário então descortinar as mitologias criadas em torno do biografado — sejam aquelas tecidas por ele próprio ou as urdidas por seus contemporâneos e pósteros, asseclas e oponentes. Não há outro jeito para tanto senão pelo mergulho abissal na intimidade, pela imersão sem remorsos nos subterrâneos do privado. "Ir além da carne e da lenda",[17] "passar pela fachada e adentrar os cômodos interiores de uma vida", indica Leon Edel.

Parentes e herdeiros do biografado sempre tentarão regular o acesso do biógrafo aos "cômodos interiores de uma vida".[18] Plantados à porta de entrada, ora a trancam a chaves, ferrolhos e cadeados, ora facultam o ingresso, sob devidas condições restritivas. Há exceções: Jayme Monjardim me concedeu total acesso ao "baú" de sua mãe, Maysa. Mas quando eu trabalhava na pesquisa para escrever *Castello: A marcha para a ditadura*, telefonei inúmeras vezes para a filha do marechal, Antonieta Castello Branco. Ao longo de três anos, ela sempre alegou falta de tempo para me conceder uma entrevista.

Lamentei a ausência de um testemunho capaz de iluminar aspectos da vida pessoal e doméstica do biografado. Tentei contornar a lacuna por outros caminhos. Procurei em Belo Horizonte a família da esposa de Castello — Argentina Vianna Castello Branco, morta poucos meses antes de o marido assumir a presidência. Os Vianna foram bastante receptivos e solícitos. Confiaram-me fotos e documentos, contaram histórias familiares, forneceram-me pistas e indicaram nomes de potenciais entrevistados.

À época, encontrei alguma relutância por parte dos oficiais responsáveis pela Biblioteca 31 de Março, na Escola de Comando e Estado-Maior do Exército (Eceme), na Urca, Rio de Janeiro, instituição sob cuja guarda se encontra o acervo de Castello. Presumo que o fato de ter um "paisano" remexendo nos arquivos da casa deva ter suscitado prevenções. Nas primeiras visitas, advertiram-me de que não teria autorização para abrir metade das cerca de cem pastas de material, vedadas à consulta pública por determinação da filha, Antonieta, e do próprio comando da Eceme.

Tentei argumentar que os documentos estavam abrigados por decreto presidencial que os declarara de utilidade pública. O major encarregado da biblioteca foi taxativo: eu não poderia examinar nada acima de determinada prateleira do armário negro de madeira onde estavam guardados os papéis. Eram cartas familiares, correspondências políticas, recortes de jornais, memorandos, relatórios, ofícios e depoimentos reunidos por Castello Branco ao longo da vida, desde os tempos de estudante do Colégio Militar. Não insisti. Satisfiz as determinações e esperei a oportunidade para retomar o assunto.

A cada nova visita à Eceme, após insistentes e cautelosas negociações, ganhei a confiança dos oficiais e fui tendo acesso gradativo às prateleiras antes proibidas. Com a visão da bela e tranquila Praia Vermelha enquadrada na janela, pude conhecer melhor o marechal na intimidade, por meio das cartas e bilhetes que escreveu para a mulher, amigos, parentes e colegas de farda. Castello, sempre tão zeloso e discreto a respeito de sua persona pública, revelava traços insuspeitados diante da caneta e da folha de papel. Tinha senso de humor aguçado, alimentava veleidades literárias, derramava-se em declarações românticas à esposa.

"Um perigo inerente a qualquer abordagem biográfica é que ela exige um nível de empatia com o assunto que pode facilmente se transformar em simpatia, talvez até em admiração oculta ou parcial", observou o historiador Ian Kershaw no prefácio da biografia que escreveu sobre Adolf Hitler. "As páginas que se seguem devem testemunhar a prevenção deste risco. Talvez, de fato, seja mesmo o caso de que a repulsa, mais do que a possibilidade de simpatia, represente o maior inconveniente para o entendimento [do biografado]."[19]

Ao biografar Castello, deparei-me com esse tipo de dilema. É indispensável estabelecer uma relação de alteridade com o personagem que se biografa, o que implica tentar se colocar no lugar dele, para buscar compreender-lhe os atos — sem justificá-los — a partir das lentes pelas quais via o mundo. "É preciso invadir a personalidade alheia, habitar nela e ser por ela habitado", resumiu Georges Liébert, idealizador de uma famosa coleção de biografias publicadas pela editora francesa Gallimard, a NRF-Biographies, com já meia centena de títulos lançados.[20]

Alteridade não pode, porém, ser confundida com simpatia, que pressupõe adesão, apreço, benevolência. Ao mesmo tempo, minha absoluta ojeriza aos autoritarismos de toda espécie, a visão crítica a respeito da mística militar e a profunda objeção aos horrores da ditadura inaugurada por Castello não podiam toldar minha compreensão e, por conseguinte, minha narrativa, tornando-a panfletária e militante.

"Todo biógrafo deveria escrever na primeira página de seu manuscrito: 'Tu não deves julgar'", aconselhou-nos André Maurois.[21] "Julgar ou compreender?", perguntava por sua vez o historiador Marc Bloch, que nos recomendava sempre a segunda opção.[22] "Compreender, no entanto, nada tem de uma atitude de passividade", ressalvava.[23] Escrever sobre o outro exige o exercício permanente da alteridade, sem disso derivar a abdicação à criticidade. Kershaw detalhou todas as brutalidades de Hitler e a odiosa desumanidade do regime que comandou. Resguardadas as proporções, não titubeei em mostrar Castello como um artífice do arbítrio e expor sua conivência silenciosa com a barbaridade da tortura.

Mas há outros casos em que, ao escrever uma biografia, somos confrontados com nossos próprios preconceitos. "Em consequência da projeção necessária e exigida pela empatia com o tema", afirma François Dosse, "o biógrafo não só acaba modificado, transformado pela figura que escreve, como passa a viver, durante o período de pesquisa e redação, no mesmo universo, a ponto de não conseguir distinguir o interior do exterior."[24] Posso afirmar que, nesse aspecto, nenhum outro personagem me modificou de tal forma quanto Padre Cícero.

No caso do sacerdote, se não precisei lidar com herdeiros diretos — até onde minha investigação pôde alcançar, Cícero respeitou os votos de castidade, apesar do que diziam os adversários sobre as beatas que o orbitavam —, aos poucos compreendi que meu compromisso ético recaía sobre minha relação com os romeiros de Juazeiro do Norte. Para um homem desprovido de fé, sempre me foi difícil entender os mistérios da devoção religiosa.

Nas minhas primeiras idas a Juazeiro, só conseguia enxergar a sórdida exploração comercial, econômica e política da fé. Ela existe, é notória. Mas, no decorrer da pesquisa, passei a identificar outro fenômeno: a visceralidade da fé sertaneja, a insubmissão da crença popular à assepsia do rito católico oficial — a despeito das muitas tentativas de cooptação pela Igreja e das reiteradas promessas de reabilitação canônica de Padre Cícero.

"O *Padim* já é santo no altar do meu coração, não preciso que o bispo ou o papa aprovem minha fé", disse-me, certa vez, uma romeira.

Foi uma espécie de revelação, uma epifania.

Biografar é tentar compreender o outro, o diferente de mim.

É inevitável que o biógrafo se pergunte, em alguns — ou em vários — momentos do trabalho: até que ponto ele tem o direito de se esgueirar, sem maiores restrições, pelos desvãos da privacidade alheia? Quando a pesquisa passa a se confundir com o mexerico, a investigação com a fofoca, o estudo com a bisbilhotice? Aprendi não haver balizas definidas entre um território e outro. Tomo como regra ponderar sobre o quanto determinada informação — por mais indiscreta e inconveniente que seja — será relevante para a compreensão do biografado.

Não poderia me furtar a esmiuçar o alcoolismo de Maysa, sob pena de deixar de fora um fator preponderante para a compreensão de seu itinerário pessoal e profissional, de sua vida e de sua arte, item elucidativo tanto de suas escolhas quanto de suas imprevidências para consigo e com os outros. Não se tratava de pormenor periférico, mas de ponto fulcral. Na biografia de Getúlio, não hesitei em expor o caso de adultério do então presidente com Aymée, a esposa de seu chefe de gabinete. Fiz isso não para chafurdar em indiscrições de alcova, mas para entender a circunstância de um ditador poderoso, implacável com os adversários, que sucumbe às contingências de uma frustração afetiva.

Já aconteceu de eu ter optado pelo silêncio quando de posse de alguma informação cabeluda que julguei dispensável, embora ela pudesse ter acrescentado um detalhe pitoresco, anedótico, picante. Quando confrontado com referências desse teor, avalio não apenas até que ponto são pertinentes, mas também se a procedência é confiável — e, em especial, se podem ser corroboradas por outras fontes. Na fase de pesquisa para escrever a biografia de Maysa, um dos entrevistados me contou um suposto episódio com potencial para provocar possível escarcéu envolvendo grande celebridade do mundo da música. Por mais que buscasse comprovar a veracidade do caso, não consegui outras evidências seguras. Deixei-o de fora do livro.

Biografias, como eu as entendo, não são veículos para a ressonância de escândalos, frivolidades, sensacionalismos. O biógrafo deve arcar com as devidas responsabilidades do ofício. Há que diferenciar o que é informação de interesse público e o que é futrica de interesse *do* público. "Nós não temos licença especial, dada por um xerife sobrenatural, para fazer o que quisermos", dizia Claudio Abramo em relação à ética jornalística. "O jornalista não tem ética própria. A ética do jornalista é a ética do cidadão. O que é ruim para o cidadão é ruim para o jornalista."[25]

Aplico o mesmo conceito às biografias. O limite do biógrafo é o limite do indivíduo consciente das implicações de seu trabalho. Não escrevo biografias para devassar segredos alheios. Escrevo-as para tentar captar e decifrar os sentidos de uma vida. "Com um trabalho de formiga, tempo, solidão e um certo grão de loucura, mas também um pouco de sorte, conseguimos fazer surgir da poeira dos velhos papéis um personagem até então apagado", escreveu o biógrafo Jean Orieux. "Temos então a alegria de ver a múmia ganhar vida, de fazer saltar os cadeados do esquecimento e as crostas dos preconceitos [...] Após anos de silenciosa intimidade, ousamos — não sem uma certa audácia — dizer ao nosso personagem: 'Levanta-te e caminha.'"[26]

Sempre traço cronogramas detalhados para cada livro. Estabeleço prazos para as respectivas fases de pesquisa e escrita. Procuro cumpri-las sempre na medida do possível e de minhas forças — meus editores sabem que não costumo atrasar a entrega de originais. Compreendo que chega o momento de desapegar do personagem e deixá-lo partir. Depois disso, restará uma espécie de luto, vazio existencial decorrente do fim de um relacionamento emocional que, se levado a sério e cumprido a contento, terá comprometido anos da vida do biógrafo.

Um dos momentos mais dolorosos, para mim, é escrever sobre a morte do biografado. Reconstruir os últimos momentos, os derradeiros dias, os instantes extremos. Nunca biografei vivos, pois penso ser difícil escrever sobre uma existência ainda em processo, cujos desdobramentos futuros podem vir a revelar aspectos que abalem, contradigam ou desmintam a história anterior da figura em questão.

No caso dos mortos — concordo com Ruy Castro quando diz que "biografado bom é biografado morto" —, não há possibilidade de spoiler. Todos sabemos como a história termina. Getúlio Vargas se mata com um tiro no peito. Maysa morre em um acidente de carro. Castello, na queda de um avião. "Dá para imaginar o que vai acontecer, mas não importa, porque está bem contado", já dizia Gabriel García Márquez em *Como contar um conto*.[27]

Para contar bem uma história, além de dominar técnicas narrativas, é necessário saber manejar uma ferramenta básica: escrever com clareza. Por isso, invisto bastante tempo na tarefa de reescrever cada linha, cada frase, cada parágrafo de um livro, antes de considerá-lo pronto para ser enviado ao editor. Seja para tornar uma cena mais vívida, uma ideia mais precisa e clara; para cortar palavras, extirpar lugares-comuns; dar mais ritmo à narrativa, tornar a trama mais fluida.

Creio que um dos tantos compromissos éticos do biógrafo é aquele devido ao leitor, no sentido de oferecer-lhe o melhor texto possível. Preocupo-me, a todo momento, com a recepção da obra. Um livro só existe se for lido. Enquanto ele não for aberto, folheado, apropriado pelo leitor, é apenas um objeto inútil, desprovido de função.

"Não pertenço àquela laia de maus escritores que dizem escrever apenas para si mesmos", dizia Umberto Eco. "As únicas coisas que os autores escrevem para si próprios são listas de compras, que os ajudam a lembrar-se do que precisam adquirir, e podem ser descartadas. Tudo o mais, incluindo o rol de roupas para lavar, são mensagens endereçadas a outrem. Não são monólogos, mas diálogos."[28]

O historiador, linguista e crítico literário suíço Paul Zumthor pensava de forma parecida: "Considero uma exigência técnica, e ao mesmo tempo uma delicadeza com relação aos leitores, nunca publicar uma linha da qual eu não possa dizer que está 'bem escrita'. O estilo acadêmico muitas vezes é da mesma ordem de indecência que a negligência ou a sujeira das roupas", comparou

Zumthor. "Não faço muita questão de decoro, mas tenho horror à sujeira: para mim, é uma necessidade lavar meu discurso. Não temos o direito de fazer qualquer coisa com as palavras, mas devemos nos servir delas com amor e respeito."[29]

Contudo, por mais que tenhamos amor e respeito pelas palavras, jamais teremos controle sobre a forma como nossos livros serão lidos. No ato da leitura, o leitor também produz sentidos, sempre a partir do próprio repertório e do sistema de valores que perfilha. Só isso explica as reações disparatadas à biografia de Getúlio Vargas: um resenhista, jornalista de direita, me acusou de ter escrito um livro de viés ultraesquerdista. Outro, articulista de esquerda, imputou-me ter escrito uma louvação à direita.

No caso de *Padre Cícero: Poder, fé e guerra no sertão*, um jornal de igreja neopentecostal sugeriu que eu devo ter sido "regiamente recompensado por Roma" para ladrilhar o caminho da reabilitação canônica do padre proscrito, escrevendo-lhe uma hagiografia. Em Juazeiro do Norte, ao contrário, uma gazeta local me recriminou por ter "denegrido a imagem de um homem santo".

Sobre *Castello: A marcha para a ditadura*, recebi o telefonema de um general que me elogiou por "ter colocado o marechal no devido lugar no panteão da pátria". Fiquei transtornado com a hipótese. Em uma palestra de lançamento, um leitor pediu a palavra para manifestar o contentamento pelo livro "ter mostrado que Castello Branco era mesmo um mísero canalha".

Nenhuma vida cabe inteira em um livro. A incompletude é marca inevitável do gênero biográfico. O biógrafo deve ter a humildade para reconhecer, em determinado momento, que é preciso encerrar a pesquisa e, na sequência, concluir a escrita. Sim, haverá sempre a possibilidade de descobrir novos documentos e protelar a entrega do texto ao editor. Mas é uma esperança vã imaginar que o empreendimento possa vir a dar conta, por completo, da intenção original. "O biógrafo sabe que jamais concluirá sua obra, não importa o número de fontes que consiga exumar", admite François Dosse.[30]

Tal incompletude é própria à pesquisa histórica. "Os historiadores padecem de um tipo de ansiedade que consiste em que o terreno não tenha ficado inteiramente limpo e que ainda subsista, escondido em algum desvão de arquivo, uma fonte por consultar", escreveu Evaldo Cabral de Mello.[31] A título de autoconsolo, o autor de *O nome e o sangue* recita a frase proferida, em tom de advertência e conforto, por Lucien Febvre ao então jovem Georges Duby, quando este preparava sua tese acadêmica: "Não se preocupe; você não verá jamais todos os documentos, sempre haverá alguns que lhe escaparão".[32]

Uma narrativa histórica será sempre uma fração do ocorrido. "O relato do historiador nunca corresponde exatamente ao passado: o simples volume deste último inviabiliza a história total. A maior parte das informações sobre o passado nunca foi registrada, e a maior parte que permaneceu é fugaz", diz Keith Jenkins, autor de *A história repensada*. "Nenhum relato consegue recuperar o passado tal qual era, porque o passado passou."[33]

A verdadeira ilusão biográfica, na verdade, consiste em fantasiar que a história de alguém, seja quem for, possa ser capturada e abarcada, na íntegra, entre o primeiro parágrafo e o ponto-final de uma obra, mesmo que o livro tenha centenas — ou mesmo milhares — de páginas. "No campo da biografia não podemos, é claro, saber 'tudo' a respeito de uma pessoa, nem dizer 'tudo'. Uma vida nos agarra e nos escorre por todos os poros, por todas as veias", reconhece também Jean Lacouture, biógrafo de Charles De Gaulle e Ho Chi Minh.[34]

"Como se pode fazer uma vida de seis caixas de papelão cheias de contas de alfaiate, cartas de amor e velhos cartões-postais?", indagou-se Virginia Woolf ao se deparar com o material para escrever a biografia do pintor e crítico de arte inglês Roger Fry.[35] O editor, tradutor e historiador literário Thomas Sergeant Perry indicava a forma como isso *não* deve ser feito: "O biógrafo pega um carrinho de lixo no qual enfia diários, reminiscências e cartas antigas, até ficar cheio. Então ele despeja a carga na frente da porta do leitor. Esse é o volume 1. Ele vai novamente e repete a tarefa. É o volume 2".[36]

Espero que, neste livro, eu tenha conseguido compartilhar, com colegas biógrafos e aspirantes ao ofício, reflexões e experiências que possam vir a ser úteis a quem se dedica ou queira se dedicar à tarefa de transformar velhos documentos na narrativa de uma vida — sem entupir de forma mecânica o leitor de informações, mas oferecendo-lhe, de modo deleitável, o maior número de informações relevantes e possíveis.

"O que um homem deixa para trás depois de morrer é uma confusão de papel: certidão de nascimento, notas escolares, diários, cartas, canhotos de cheques, listas de lavanderia", escreveu Paul Murray Kendall. "Essa trilha de papel, que se estende da entrada à saída, é que o biógrafo tenta trilhar."[37] Entretanto, Kendall também nos alertava para o fato de que a biografia é mesmo "a arte e a ciência do impossível": um empreendimento fadado ao fracasso, pois jamais conseguiremos ressuscitar, de verdade, nosso morto. "Um horizonte inacessível, que no entanto sempre estimula o desejo de narrar e compreender", segundo as palavras de Dosse.[38]

"Biografias são insubmissas, insubornáveis. [Mas] sempre insuficientes", disse Alberto Dines, no prólogo de *Morte no paraíso: A tragédia de Stefan Zweig*, livro escrito e reescrito, em diferentes versões e sucessivas edições, ao longo de três décadas.[39]

> Insubordinação contra a morte, fixação na vida, exercício de suscitação, ressuscitação dos finados e esquecidos. Este relato contém outras rebeldias além da recusa do biografado em desaparecer: o

biógrafo vê-se obrigado a rejeitar o ponto final — não existem biografias definitivas.[40]

Biografar, portanto, seria uma aporia — impossibilidade, impasse, circunstância sem solução. Alvo inatingível, mas que não canso e não desisto de perseguir.

"Você enlouqueceu?", continua a me perguntar, agora em meus pensamentos, Demócrito Dummar.

Bibliografia

ABRAMO, Claudio. *A regra do jogo*. São Paulo: Companhia das Letras, 1988.

ANÔNIMO. *The Chivalric Biography of Boucicaut, Jean II Le Meingre*. Trad. (para o inglês) de Craig Taylor; Jane H. M. Taylor. Woodbridge: Boydell & Brewer, 2020.

ARFUCH, Leonor. *O espaço biográfico: Dilemas da subjetividade contemporânea*. Trad. de Paula Vidal. Rio de Janeiro: Eduerj, 2010.

ARNAUD, Claude. "Le Goût du vivant". *Senso*, n. 7, dez.-jan. 2003. Apud DOSSE, François. *O desafio biográfico: Escrever uma vida*. Trad. de Gilson César Cardoso de Souza. São Paulo: Edusp, 2009.

ASSIS BRASIL, Luiz Antonio de. *Escrever ficção: Um manual de criação literária*. São Paulo: Companhia das Letras, 2019.

AULETE, Caldas. *Diccionario contemporaneo da língua portugueza*. Lisboa: Imprensa Nacional, 1881.

BARTHES, Roland. *O rumor da língua*. Trad. de Mario Laranjeira. São Paulo: Martins Fontes, 2004.

BERLIN, Isaiah. *Estudos sobre a humanidade: Uma antologia de ensaios*. Trad. de Rosaura Eichenberg. São Paulo: Companhia das Letras, 2002.

BLOCH, Marc. *História e historiadores*. Trad. de Telma Costa. Lisboa: Teorema, 1998.

_____. *Apologia da história ou o ofício do historiador*. Trad. de André Telles. Rio de Janeiro: Jorge Zahar, 2001.

BOCCACCIO, Giovanni. *Mujeres preclaras*. Trad. de Violeta Díaz-Corralejo. Madri: Cátedra, 2010.

BORGES, Vavy Pacheco Borges. "Grandezas e misérias da biografia". In: JÚNI, Carla Bassanezi (Org.). *Fontes históricas*. 2. ed. São Paulo: Contexto, 2008.

BOSWELL, James. *The Life of Samuel Johnson*. Londres: Penguin Classics, 1979.

BOURDIEU, Pierre. *Esboço de autoanálise*. Trad. de Sergio Miceli. São Paulo: Companhia das Letras, 2005.

_____. "L'illusion biographique". *Actes de la Recherche en Sciences Sociales*, n. 62-3, 1986. [Ed. bras. "A ilusão biográfica". In: FERREIRA, Marieta de Moraes Ferreira et al. (Orgs.). *Usos e abusos da história oral*. 8. ed. Rio de Janeiro: FGV, 2006.]

_____. *A miséria do mundo*. Trad. de Mateus S. Soares Azevedo et al. Petrópolis: Vozes, 2001.

BURKE, Peter. "A invenção da biografia e o individualismo renascentista". *Estudos Históricos*, Rio de Janeiro, v. 10, n. 19, pp. 1-14, 1997.

_____. *A Escola dos Annales (1929-1989): A Revolução Francesa da historiografia*. Trad. de Nilo Odalia. São Paulo: Unesp, 1997.

_____. *Testemunha ocular: O uso de imagens como evidência histórica*. São Paulo: Unesp, 2017.

CABRAL DE MELLO, Evaldo (Org.). *O Brasil holandês (1630-1654)*. São Paulo: Penguin-Companhia, 2010.

_____ (Org.). *O nome e o sangue*. São Paulo: Companhia das Letras, 2009.

CALVINO, Italo. *Seis propostas para o próximo milênio*. Trad. de Ivo Barroso. São Paulo: Companhia das Letras, 1990.

CARPENTER, Humphrey, *W. H. Auden: A Biography*. Londres: Faber & Faber, 2011.

CARR, Edward Hallet. *Que é história?* Trad. de Lúcia Maurício de Alverga. São Paulo: Paz e Terra, 1996.

CARLYLE, Thomas. *English and other Critical Essays*. Londres; Nova York: Everyman's, 1964. v. 2.

_____. *Os heróis*. 2. ed. Trad. de Álvaro Ribeiro. Lisboa: Guimarães, 2002.

CERTEAU, Michel de. *A escrita da história*. 3. ed. Trad. de Maria de Lourdes Menezes. Rio de Janeiro: Forense Universitária, 2011.

COLLINGWOOD, R. G. *A ideia de história*. Lisboa: Presença, 1994.

DAMORIM, Felipe (Org.). *Os piores crimes da revista New Yorker: Oito grandes reportagens sobre crimes da melhor revista jornalística do mundo*. Trad. de Felipe Damorim; Laetícia Monteiro; Lígia Garzaro. Santo André: Rua do Sabão, 2021. E-book.

DAVIS, Natalie Zemon. *O retorno de Martin Guerre*. Trad. de Denise Bottmann. São Paulo: Paz e Terra, 1987.

DINES, Alberto. *Morte no paraíso: A tragédia de Stefan Zweig*. Rio de Janeiro: Rocco, 2012.

DONNE, John. *Collected Poetry*. Nova York: Penguin Classics, 2013.

DOSSE, François. *O desafio biográfico: Escrever uma vida*. Trad. de Gilson César Cardoso de Souza. São Paulo: Edusp, 2009.

_____. *Renascimento do acontecimento*. *Um desafio para o historiador: Entre Esfinge e Fênix*. Trad. de Constancia Morel. São Paulo: Unesp, 2013.

DUBY, Georges. *A história continua*. Trad. de Clóvis Marques. Rio de Janeiro: Zahar, 1993.

_____. *O domingo de Bouvines: 27 de julho de 1214*. Trad. de Maria Cristina Frias. São Paulo: Paz e Terra, 1993.

_____. *Guilherme Marechal, ou o melhor cavaleiro do mundo*. Trad. de Renato Janine Ribeiro. Rio de Janeiro: Graal, 1987.

DUBY, Georges et al. *História e história nova*. Trad. de Carlos de Veiga Ferreira. Lisboa: Teorema, [s.d.].

DURKHEIM, Émile. *As regras do método sociológico*. Trad. de Maria Ferreira. Petrópolis: Vozes, 2019. E-book.

ECO, Umberto. *Como se faz uma tese em ciências humanas*. 13. ed. Trad. de Ana Falcão Bastos; Luis Leitão. Barcarena: Presença, 2007.

_____. *Confissões de um jovem romancista*. Trad. de Marcelo Pen. São Paulo: Cosac Naify, 2013.

_____. *Seis passeios nos bosques da ficção*. Trad. de Wanda Ramos. Lisboa: Gradiva, 2019.

EGINHARDO. *Vida de Carlos Magno*. Trad. de Telma Costa. Lisboa: Teorema, 2001.

FEBVRE, Lucien. "Contra o vento: Manifesto dos novos Annales". In: NOVAIS, Fernando Antonio; SILVA, Rogério Forastieri da (Orgs.). *Nova história em perspectiva 1*. São Paulo: Cosac Naify, 2011.

FERNANDES, Nathalia Reis. "Diário escrito para a posteridade: Os diários de Getúlio Vargas". São Paulo, *Estudos linguísticos*, v. 48, n. 2, 2019.

FERREIRA, Marieta de Moraes. "Entrevista com François Dosse", *Revista Brasileira de História*, v. 32, n. 64, dez. 2012. Disponível em: <https://doi.org/10.1590/S0102-01882012000200018>. Acesso em: 8 fev. 2022.

FERREIRA, Marieta de Moraes et al. (Orgs.). *Usos e abusos da história oral*. 8 ed. Rio de Janeiro: FGV, 2006.

FIGUEIREDO, Lucas. *O Tiradentes: Uma biografia de Joaquim José da Silva Xavier*. São Paulo: Companhia das Letras, 2018.

FLAUBERT, Gustave. *Um coração simples*. Trad. de Sergio Flaksman. São Paulo: Grua, 2015.

GARCÍA MÁRQUEZ, Gabriel. *Notícia de um sequestro*. Trad. de Eric Nepomuceno. Rio de Janeiro: Record, 2021.

_____. *Como contar um conto*. Trad. de Eric Nepomuceno. Rio de Janeiro: Casa Jorge, 2004.

GAY, Peter. *O coração desvelado*. Trad. de Sérgio Bath. São Paulo: Companhia das Letras, 1999.

GENETTE, Gérard. *Paratextos editoriais*. Trad. de Álvaro Faleiros. Cotia: Ateliê, 2009.

GINZBURG, Carlo. *O fio e os rastros: Verdadeiro, falso, fictício*. Trad. de Rosa Freire d'Aguiar; Eduardo Brandão. São Paulo: Companhia das Letras, 2007.

_____. *O queijo e os vermes*. Trad. de Maria Betânia Amoroso. São Paulo: Companhia das Letras, 2006.

HEMECKER, Wilhelm; SAUNDERS, Edward. *Biography in Theory*. Viena: Gruyter, 2017.

HERSEY, John. *Hiroshima*. Trad. de Hildegard Feist. São Paulo: Companhia das Letras, 2002.

HOLMES, Richard. *Sidetracks: Explorations of a Romantic Biographer*. Nova York: Vintage, 2001.

HUIZINGA, Johan. *O outono da Idade Média*. Trad. de Francis Petra Janssen. São Paulo: Cosac Naify, 2010.

JENKINS, Keith. *A história repensada*. Trad. de Mario Vilela. São Paulo: Contexto, 2001.

JOHNSON, Samuel. *Life of Mr. Richard Savage*. Peterborough: Broadview, 2016.

KENDALL, Paul Murray. *The Art of Biography*. Londres: George Allen & Unwin, 1965.

KERSHAW, Ian. *Hitler*. São Paulo: Companhia das Letras, 2010.

KING, Stephen. *Sobre a escrita*. Trad. de Michel Teixeira. Rio de Janeiro: Suma, 2015.

KOVACH, Bill; ROSENSTIEL, Tom. *Os elementos do jornalismo*. São Paulo: Geração, 2004.

LACOUTURE, Jean. *Profession biographe: Conversations avec Claude Kiejman*. Paris: Hachette, 2003.

LEE, Sidney. *Principles of Biography: The Leslie Stephen Lecture, 1911*. Cambridge: Cambridge University Press, 2014.

LE GOFF, Jacques. *São Luís: Biografia*. Trad. de Marcos de Castro. Rio de Janeiro: Record, 1999.

LEVI, Giovanni. "Usos da biografia". In: FERREIRA, Marieta de Moraes et al. (Orgs.). *Usos e abusos da história oral*. 8. ed. Rio de Janeiro: FGV, 2006.

LADURIE, Emmanuel Le Roy. *Montaillou: Cátaros e católicos numa aldeia occitana (1294-1324)*. Trad. de Nuno Garcia Lopes; Pedro Bernardo. Lisboa: Edições 70, 2000.

LEVILLAIN, Phillippe. "Os protagonistas da biografia". In: REMÓND, René. *Por uma história política*. Trad. de Dora Rocha. Rio de Janeiro: FGV, 2003.

LIPINER, Elias. *Izaque de Castro: O mancebo que veio preso do Brasil*. Recife: Fundação Joaquim Nabuco; Massangana, 1992.

LORIGA, Sabina. *O pequeno X: Da biografia à história*. Trad. de Fernando Scheibe. Belo Horizonte: Autêntica, 2011.

_____. "A biografia como problema". In: REVEL, Jacques (Org.). *Jogos de escalas: A experiência da microanálise*. Rio de Janeiro: FGV, 1998.

LOWENTHAL, David. "Como conhecemos o passado". Trad. de Lucia Haddad. *Projeto História: Trabalhos da memória*, São Paulo: EDUC, v. 17, 1998.

MAILER, Norman. *A luta*. Trad. de Claudio Weber Abramo. São Paulo: Companhia das Letras, 2011.

MAQUIAVEL, Nicolau. *A vida de Castruccio Castracani da Lucca*. Trad. de Carlos Eduardo de Soveral. Porto: Elementos Sudoeste, 2003.

MARX, Karl. *O 18 de Brumário de Luís Bonaparte*. Trad. de Nélio Schneider. São Paulo: Boitempo, 2011.

MAUROIS, André. *Voltaire: Aspects de la biographie*. Paris: Grasset, 2005.

MERCADANTE, Luiz Fernando. *20 perfis e uma entrevista*. São Paulo: Siciliano, 1994.

MEYERS, Jeffrey. *The Craft of Literary Biography*. Londres: Macmilan, 1985.

MOMIGLIANO, Arnaldo. *As raízes clássicas da historiografia moderna*. Trad. de Maria Beatriz Borba Florenzano. Bauru: Edusc, 2004.

MORAIS, Fernando. *Chatô: O rei do Brasil*. São Paulo: Companhia das Letras, 1994.

MOTA, Leonardo. *A Padaria Espiritual*. Fortaleza: Edésio, 1938.

NEPOS, Cornélio. *The Complete Works of Cornelius Nepos*. Hastings: Delphi, 2017.

NETO, Lira. *Padre Cícero: Poder, fé e guerra no sertão*. São Paulo: Companhia das Letras, 2009.

_____. *Getúlio (1882-1930): Dos anos de formação à conquista do poder*. São Paulo: Companhia das Letras, 2012.

_____. *Getúlio (1930-1945): Do Governo Provisório à ditadura do Estado Novo*. São Paulo: Companhia das Letras, 2013.

_____. *Getúlio (1945-1954): Da volta pela consagração popular ao suicídio*. São Paulo: Companhia das Letras, 2014.

_____. *Maysa: Só numa multidão de amores*. São Paulo: Companhia das Letras, 2017.

_____. *Uma história do samba: As origens*. São Paulo: Companhia das Letras, 2017.

_____. *Castello: A marcha para a ditadura*. São Paulo: Companhia das Letras, 2020.

_____. *Arrancados da terra*. São Paulo: Companhia das Letras, 2021.

NOVAIS, Fernando Antonio; SILVA, Rogério Forastieri da (Orgs.). *Nova história em perspectiva 1*. São Paulo: Cosac Naify, 2011.

OATES, Stephen B. (Org.). *Biography as High Adventure: Life-Writers Speak on Their Art*. Massachusetts: Massachusetts University Press, 1986.

ORIEUX, Jean. "A arte do biógrafo". In: _____. *História e história nova*. Trad. de Carlos de Veiga Ferreira. Lisboa: Teorema, [s.d.].

PERROT, Michelle (Org.). *História da vida privada: Da Revolução Francesa à Primeira Guerra*. Trad. de Denise Bottmann e Bernardo Joffily. São Paulo: Companhia das Letras, 1991. v. 4.

PESAVENTO, Sandra Jatahy. "Fronteiras da ficção: diálogos da história com a literatura". *Revista de História das Ideias*, Coimbra, v. 21, Instituto de História e Teoria das Ideias, 2000. Disponível em: <https://digitalis-dsp.uc.pt/bitstream/10316.2/41745/1/Fronteiras_da_ficcao.pdf>. Acesso em: 22 fev. 2022.

PESSOA, Fernando. *Obra completa: Poesia*. Rio de Janeiro: Nova Aguilar, 1977.

PLUTARCO, *Greek Lives*. Oxford: OUP, 1999.

_____. *Roman Lives: A selection of Eight Lives*. Oxford: OUP, 1999.

_____. O, *The age of Alexander*. Londres: Penguin Classics, 2012.

_____. *The Makers of Rome*. Londres: Penguin Classics, 2004.

RAWLINSON, Henry Creswick. *The Persian Cuneiform Inscriptions at Behistun, deciphered and translated; with a Memoir on Persian Cuneiform Inscriptions in general, and on that of Behistun in particular*. Londres: John W. Parker, 1846.

REGO, Julio de Figueiredo Lopes. *Os discursos cipriotas*. São Paulo: FFLCH-USP, 2010. Dissertação (Mestrado em Letras Clássicas).

RÉMOND, René. *Por uma história política*. Trad. de Dora Rocha. Rio de Janeiro: FGV, 2003.

REVEL, Jacques (Org.). *Jogos de escalas: A experiência da microanálise*. Rio de Janeiro: FGV, 1998.

RICOUER, Paul. *Tempo e narrativa*. Trad. de Roberto Leal Fernandes. Campinas: Papirus, 1997. 3 v.

SACKS, Oliver. *O rio da consciência*. Trad. de Laura Teixeira Motta. São Paulo: Companhia das Letras, 2017.

SANTOS, Joaquim Ferreira dos. *Enquanto houver champanhe há esperança: Uma biografia de Zózimo Barrozo do Amaral*. Rio de Janeiro: Intrínseca, 2016.

SARAMAGO, José. *Cadernos de Lanzarote*. Lisboa: Caminho, 1994. p. 46.

SCHMIDT, Benito Bisso. "Biografia: Um gênero de fronteira entre a história e a literatura". In: RAGO, Margareth; GIMENES, Renato Aloizio de Oliveira (Orgs.). *Narrar o passado, repensar a história*. 2. ed. Campinas: Unicamp; IFCH, 2014.

_____. "Grafia da vida: Reflexões sobre a narrativa biográfica". *História Unisinos*, São Leopoldo, v. 8, n. 10, jul.-dez., pp. 131-42, 2004.

SCHMIDT, Benito Bisso. "História e biografia". In: CARDOSO, Ciro Flamarion; VAINFAS, Ronaldo. *Novos domínios da história*. Rio de Janeiro: Elsevier, 2012.

_____. "O gênero biográfico no campo do conhecimento histórico: Trajetória, tendências e impasses atuais e uma proposta de investigação". Porto Alegre: UFRGS, *Anos 90*. v. 4, n. 6, 1996.

SIMIAND, François. "Méthode historique et science sociale". *Annales*, 1960, pp. 83-119.

SOUSA, Leal de. *Getúlio Vargas*. Rio de Janeiro: Olímpica, 1940.

STONE, Lawrence. "O ressurgimento da narrativa: Reflexões sobre uma velha nova história". *Revista de História*, Campinas: IFCH; Unicamp, n. 2-3, 1991.

STRACHEY, Lytton. *Eminent Victorians*. Londres: SMK, 2013. E-book.

SUETÔNIO. *The Twelve Caesars*. Londres: Penguin Classics, 2007.

TALESE, Gay. *O reino e o poder: Uma história do New York Times*. Trad. de Pedro Maia Soares. São Paulo: Companhia das Letras, 2000.

_____. *Fama e anonimato*. Trad. de Luciano Vieira Machado. São Paulo: Companhia das Letras, 2004.

TOLSTÓI, Liev. *Guerra e paz*. Trad. de Rubens Figueiredo. São Paulo: Companhia das Letras, 2017. 2 v.

TOURS. Gregorio. *La Storia del Franchi*. Milão: Mondadori, 1981. 2 v.

VAINFAS, Ronaldo. *Os protagonistas anônimos da história*. Rio de Janeiro: Campus, 2002.

VARAZZE, Jacopo de. *Legenda áurea*. Trad. de Hilário Franco Júnior. São Paulo: Companhia das Letras, 2003.

VEYNE, Paul. *Como se escreve a história e Foucault revoluciona a história*. 4. ed. Brasília: UnB, 1998.

VILAS-BOAS, Sergio. *Biografismo: Reflexões sobre as escritas da vida*. 2. ed. São Paulo: Unesp, 2014.

WOOLF, Virginia, "The Art of Biography". In: HEMECKER, Wilhelm; SAUNDERS, Edward, *Biography in Theory*. Viena: Gruyter, 2017. [Ed. bras.: "A arte da biografia". Trad. de Norida Teotônio de Castro. *Dispositiva*, Belo Horizonte, n. 2, pp. 200-7, 2012.]

XENOFONTE. *The Complete Works of Xenophon*. Hastings: Delphi, 2013.

ZINSSER, William. *Como escrever bem: O clássico manual americano de escrita jornalística e de não ficção*. Trad. de Bernardo Ajzenberg. São Paulo: Fósforo, 2021.

ZUMTHOR, Paulo. *Escritura e nomadismo*. Trad. Jerusa Pires Ferreira e Sonia Queiroz. São Paulo: Ateliê, 2005.

Notas

INTRODUÇÃO: COMO E POR QUE SOU BIÓGRAFO [pp. 11-39]

1. "Operários descobrem cemitério clandestino". *O Povo*, 13 jan. 1994, p. 16A.

2. Ibid.

3. Leonardo Mota, *A Padaria Espiritual*. Fortaleza: Edésio, 1938, p. 29.

4. Haroldo Ceravolo Sereza, "A vacina sem revolta", *Folha de S. Paulo*. São Paulo, 29 nov. 1999; José Maria Mayrink, "Resgate do sanitarista esquecido", *Jornal do Brasil*. Rio de Janeiro, 23 out. 1999. Ideias, p. 5.

5. Gay Talese, *Fama e anonimato*. São Paulo: Companhia das Letras, 2004, p. 529.

6. Wilson Martins, "Biografia populista". *Gazeta do Povo*, 22 maio 2006.

7. Lira Neto, "Abalou, Ivete!". *Contigo*. São Paulo, jun. 2006, pp. 60-7.

8. Id., *Padre Cícero: Poder, fé e guerra no sertão*. São Paulo: Companhia das Letras, 2009, p. 16.

9. François Dosse, *O desafio biográfico*. São Paulo: Edusp, 2009, p. 68.

10. Philippe Levillain, "Os protagonistas: da biografia", em René Remónd, *Por uma história política*. Rio de Janeiro: FGV, 2003, p. 143.

11. Claude Arnaud, "Le Goût du vivant". *Senso*, n. 7, p. 58, dez.-jan. 2003. Apud François Dosse, op. cit., p. 15.

12. Ação Direta de Inconstitucionalidade 4 815, Distrito Federal. Voto da

ministra Cármen Lúcia. Disponível em: <https://www.conjur.com.br/dl/voto-carmen-biografia.pdf>. Acesso em: 3 fev. 2022.

13. Lira Neto, "Decisão do Supremo sobre biografias não é 'liberou geral'". *Folha de S. Paulo*, São Paulo, 12 jun. 2015. Disponível em: <https://www1.folha.uol.com.br/ilustrada/2015/06/1640907-decisao-do-supremo-sobre-biografias-nao-e-liberou-geral.shtml>. Acesso em: 3 fev. 2022.

14. Carlo Ginzburg, *O fio e os rastros*. São Paulo: Companhia das Letras, 2007, p. 11.

15. Virginia Woolf, "The Art of Biography", em Wilhelm Hemecker; Edward Saunders, *Biography in Theory*, pp. 124-30. [Ed. bras.: "A arte da biografia". *Dispositiva*, Belo Horizonte, n. 2, 2012.]

1. BREVE "BIOGRAFIA" DA BIOGRAFIA [pp. 41-60]

1. Arnaldo Momigliano, *As raízes clássicas da historiografia moderna*. Bauru: Edusc, 2004, pp. 22-3.

2. Henry Creswick Rawlinson, *The Persian Cuneiform Inscriptions at Behistun, Deciphered and Translated; with a Memoir on Persian Cuneiform Inscriptions in General, and on that of Behistun in Particular*. Londres: John W. Parker, 1846, pp. XXVII.

3. Ibid., p. XXXVI.

4. François Dosse, *O desafio biográfico*. São Paulo: Edusp, 2009, pp. 68 e 124.

5. Para a tradução do grego, cf. Julio de Figueiredo Lopes Rego, *Os discursos cipriotas*. São Paulo: FFLCH-USP, 2010. Dissertação (Mestrado em Letras Clássicas).

6. *The Complete Works of Xenophon*. Hastings: Delphi, 2013. E-book.

7. François Dosse, op. cit., p. 124.

8. "Preface", *The complete Works of Cornelius Nepos*. Hastings: Delphi, 2017. E-book.

9. Ibid., "Epaminondas".

10. Ibid., "Címon".

11. Ibid., "Pelópidas".

12. Plutarco, *The Age of Alexander*. Londres: Penguin Classics, 2012. E-book.

13. Benito Bisso Schmidt, "História e biografia", em Ronaldo Vainfas e Ciro Cardoso (Orgs.), *Novos domínios da história*. Rio de Janeiro; São Paulo: Campus; Elsevier, 2012, pp. 187-8.

14. Plutarco, op. cit.

15. Ibid.

16. Plutarco, "Aemilius Paullus", em *Roman Lives*. Oxford: OUP, 1999. E-book.

17. Ibid.

18. Id., "Mark Antony", em *The Makers of Rome*. Londres: Penguin Classics, 2004. E-book.

19. Id., "Alcibiades", em *Greek Lives*. Oxford: OUP, 1999. E-book.

20. François Dosse, op. cit., p. 134.

21. Suetônio, "Caligula", em *The Twelve Caesars*. Londres: Penguin Classics, 2007. E-book.

22. Ibid.

23. Ibid.

24. Michel de Certeau, *A escrita da história*. 3. ed. Rio de Janeiro: Forense Universitária, 2011, pp. 289-304.

25. Peter Burke, "A invenção da biografia e o individualismo renascentista". *Estudos Históricos*, Rio de Janeiro, v. 10, n. 19, p. 83, 1997.

26. Gregorio di Tours, *La Storia dei Franchi*. Milão: Mondadori, 1981, p. 13. v. 1.

27. Eginhardo, *Vida de Carlos Magno*. Lisboa: Teorema, 2001, pp. 10-6.

28. Ibid., p. 90.

29. Philippe Levillain, "Os protagonistas: da biografia", em René Rémond, *Por uma história política*. Rio de Janeiro: FGV, 2003, pp. 147-8.

30. Benito Bisso Schmidt, "Biografia: Um gênero de fronteira entre a história e a literatura", em Margareth Rago e Renato Aloizio de Oliveira Gimeles (Orgs.), *Narrar o passado, repensar a história*. 2. ed. Campinas: Unicamp; IFCH, 2014, p. 188.

31. Michel de Certeau, op. cit. p, 297.

32. Hilário Franco Júnior, na apresentação de Jacopo de Varazze, *Legenda áurea*. São Paulo: Companhia das Letras, 2003, pp. 11-25.

33. Michel de Certeau, op. cit., pp. 294-5.

34. Jacopo de Varazze, op. cit., p. 298.

35. François Dosse, op. cit., pp. 151-4.

36. Johan Huizinga, *O outono da Idade Média*. São Paulo: Cosac Naify, 2010, p. 107.

37. *The Chivalric Biography of Boucicaut, Jean II Le Meingre*, p. 187. Woodbridge: Boydell & Brewer, 2020. E-book.

38. Georges Duby, *Guilherme Marechal ou o melhor cavaleiro do mundo*. Rio de Janeiro: Graal, 1987, p. 46.

39. Ibid.

40. François Dosse, op. cit., p. 155.

41. Giovanni Boccaccio, *Mujeres preclaras*. Cátedra: Madri, 2010.

42. Nicolau Maquiavel, *A vida de Castruccio Castracani da Lucca*. Porto: Elementos Sudoeste, 2003, p. 52.

43. Benito Bisso Schmidt, op. cit., p. 189.

44. Caldas Aulete, *Diccionario contemporaneo da língua portugueza*. Lisboa: Imprensa Nacional, 1881, p. 224.

45. Richard Holmes, *Sidetracks: Explorations of a Romantic Biographer*. Nova York: Vintage, 2001. E-book.

46. Samuel Johnson, "The Dignity and Usefulness of Biography". *The Rambler*, v. 1. Disponível em: <https://www.johnsonessays.com/the-rambler/dignity -usefulness-biography/>. Acesso em: 3 fev. 2022.

47. Id., *Life of Mr. Richard Savage*. Londres: Penguin Classics, 1979. E-book.

48. Apud David Womersley na introdução de *The Life of Samuel Johnson*, de James Boswell. Londres: Penguin Classics, 1979. E-book.

49. Thomas Carlyle, *English and Other Critical Essays*. Londres; Nova York: Everyman's, 1964, p. 17.

50. Id., *Os heróis*. Lisboa: Guimarães, 2002, pp. 15-6.

51. Ibid.

52. Benito Bisso Schmidt, op. cit., pp. 192-4.

53. Émile Durkheim, *As regras do método sociológico*. Petrópolis: Vozes, 2019. E-book.

54. François Simiand, "Méthode historique et science sociale". *Annales*, 1960, pp. 117-8.

55. Karl Marx, *O 18 Brumário de Luís Bonaparte*. São Paulo: Boitempo, 2011.

56. Virginia Woolf, "A arte da biografia". *Dispositiva*, Belo Horizonte, n. 2, 2012, p. 205.

57. André Maurois, *Voltaire: Aspects de la biographie*. Paris: Grasset, 2005.

58. Ver Peter Burke, *A escola dos Annales (1929-1989): A revolução francesa da historiografia*. São Paulo: Unesp, 1997.

59. Lucien Febvre, "Contra o vento: Manifesto dos novos Annales", em Fernando Novais; Rogério Forastieri da Silva (Orgs.), *Nova história em perspectiva 1*. São Paulo: Cosac Naify, 2011, pp. 75-85.

60. François Dosse, op. cit., p. 19.

61. Marieta de Moraes Ferreira, "Entrevista com François Dosse". *Revista Brasileira de História*, v. 32, n. 64, dez. 2012. Disponível em: <https://doi.org/10.1590/ S0102-01882012000200018>. Acesso em: 8 fev. 2022.

62. François Dosse, *Renascimento do acontecimento. Um desafio para o historiador: Esfinge e Fênix*. São Paulo: Unesp, 2013.

63. François Dosse, *O desafio biográfico*. São Paulo: Edusp, 2009, p. 16.

64. Lawrence Stone, "O ressurgimento da narrativa: Reflexões sobre uma velha nova história". *Revista de História*, Campinas: IFCH-Unicamp, n. 2-3, 1991.

65. Ibid.

66. Georges Duby, *O domingo de Bouvines*. São Paulo: Paz e Terra, 1993.

67. Emmanuel Le Roy Ladurie. *Montaillou: Cátaros e católicos numa aldeia occitana (1294-1324)*. Lisboa: Edições 70, 2000.

68. Jacques Le Goff, *São Luís*. Rio de Janeiro: Record, 1999.

69. *Libération*, 7 out. 1999. Apud Vavy Pacheco Borges, "Grandezas e misérias da biografia, em Carla Bassanezi Pinsky (Org.), *Fontes históricas*. 2. ed. São Paulo: Contexto, 2008, p. 209.

70. Georges Duby, *A história continua*. Rio de Janeiro: Zahar, 1993, p. 61.

71. Id., "O historiador hoje", em *História e história nova*. Lisboa: Teorema, [s.d.], pp. 18-9.

72. Para um bom estudo introdutório, cf. Ronaldo Vainfas, *Micro-história: Os protagonistas anônimos da história* (Rio de Janeiro: Campus, 2002).

73. *O retorno de Martin Guerre*. Direção, produção e roteiro: Daniel Vigne. Intérpretes: Gérard Depardieu, Bernard-Pierre Donnadieu, Nathalie Bayeu e outros. Paris: SFPC, 1982.

74. Natalie Zemon Davis, *O retorno de Martin Guerre*. São Paulo: Paz e Terra, 1987.

75. Sidney Lee, *Principles of Biography: The Leslie Stephen Lecture, 1911*. Cambridge: Cambridge University Press, 2014, pp. 27-8.

76. Sabina Loriga, *O pequeno X*. Belo Horizonte: Autêntica, 2011, p. 15.

2. O QUE QUER E O QUE PODE A BIOGRAFIA? [pp. 61-76]

1. Carlo Ginzburg, *O fio e os rastros*. São Paulo: Companhia das Letras, 2007, p. 296.

2. Fernando Pessoa, *Obra poética*. 3. ed. Rio de Janeiro: Nova Aguilar, 1990, pp. 418-9.

3. Lytton Strachey, *Eminent Victorians*. Londres: SMK, 2013.

4. Jean Orieux, "A arte do biógrafo", em Georges Duby, *História e nova história*. Lisboa: Teorema, [s.d.], p. 34.

5. Georges Duby, "O historiador, hoje", em *História e nova história*. Lisboa: Teorema, [s.d.], p. 14.

6. Id., *A história continua*. Rio de Janeiro: Zahar, 1993, p. 62.

7. Carlo Ginzburg, *O queijo e os vermes*. São Paulo: Companhia das Letras, 2006.

8. Ibid., p. 10.

9. John Donne, *Collected Poetry*. Nova York: Penguin Classics, 2013. E-book.

10. Edward Hallet Carr, *Que é história?* São Paulo: Paz e Terra, 1996, p. 31.

11. Liev Tolstói, *Guerra e paz*. São Paulo: Companhia das Letras, 2017, pp. 1463-4. v. 2.

12. Ibid., p. 1465.

13. Isaiah Berlin, "A inevitabilidade histórica", em *Estudos sobre a humanidade*. São Paulo: Companhia das Letras, 2002, pp. 159-225.

14. Para o conceito de "circularidade cultural", derivado de Mikhail Bakhtin, ver Carlo Ginzburg, op. cit., p. 10.

15. Sabina Loriga, *O Pequeno X*. Belo Horizonte: Autêntica, 2011.

16. Jean-Marie Mayeur apud François Dosse, *O desafio biográfico*. São Paulo: Edusp, 2009, p. 103.

17. Charles Firth apud Sabina Loriga, "A biografia como problema", em Jacques Revel, *Jogos de escala: A experiência da microanálise*. Rio de Janeiro: FGV, 1998, pp. 247-8.

18. Benito Bisso Schmidt, "O gênero biográfico no campo do conhecimento histórico". *Anos 90*, Porto Alegre, v. 4, n. 6, 1996, p. 180.

19. Edward Hallet Carr, op. cit., p. 31.

20. Pierre Bourdieu, "A ilusão biográfica", em Marieta de Moraes Ferreira; Janaína Amado, *Usos e abusos da história oral*. 8. ed. Rio de Janeiro: FGV, 2006, pp. 183-91.

21. Ibid., p. 184.

22. Leal de Sousa, *Getúlio Vargas*. Rio de Janeiro: Olímpica, 1940, pp. 17 e 23.

23. José Saramago, *Cadernos de Lanzarote*. Lisboa: Caminho, 1994, p. 46.

24. Pierre Bourdieu (Org.), *A miséria do mundo*. Petrópolis: Vozes, 2001.

25. Id., *Esboço de autoanálise*. São Paulo: Companhia das Letras, 2005.

26. Mark Twain apud Benito Bisso Schmidt, "Grafia da vida: Reflexões sobre a narrativa biográfica". *História Unisinos*, São Leopoldo, v. 8, n. 10, p. 134, jul.-dez., 2004.

27. António Lobo Antunes, "As biografias", *Visão*. Disponível em: <https://visao.sapo.pt/opiniao/a/antonio-lobo-antunes/2012-05-10-as-biografiasf66 3502/>. Acesso em: 22 fev. 2022.

28. Virginia Woolf apud François Dosse, op. cit., p. 62.

29. André Maurois, *Voltaire: Aspects de la biographie*. Paris: Grasset, 2005.

30. Nathalia Reis Fernandes, "Diário escrito para a posteridade: Os diários de Getúlio Vargas". *Estudos linguísticos*, São Paulo, v. 48, n. 2, 1978, pp. 822-40.

31. André Maurois, op. cit.

32. Ibid.

33. Jean Orieux, op. cit., p. 38.

34. Ibid.

35. François Dosse, op. cit., p. 79. Paul Veyne, *Como se escreve a história e Foucault revoluciona a história*. 4. ed. Brasília: UnB, 1998, p. 12.

36. Giovanni Levi, "Usos da biografia", em Marieta de Moraes Ferreira; Janaína Amado, op. cit., p. 168.

37. Paul Murray Kendall, "Walking the Boundaries", em Stephen B. Oates (Org.), *Biography as High Adventure: Life-Writers Speak on Their Art*. Massachusetts: Massachusetts University Press, 1986, p. 39. Ver também Desmond McCarthy, citado pelo próprio Oates na introdução da mesma obra, p. ix.

38. Paul Ricouer, *Tempo e narrativa*. Campinas: Papirus, 1997, p. 324. v. 3. Ver também Sandra Jatahy Pesavento, "Fronteiras da ficção: Diálogos da história com a literatura". *Revista de História das Ideias*, Coimbra, Instituto de História e Teoria das Ideias, 2000. Disponível em: <https://digitalis-dsp.uc.pt/bitstream/10316.2/41745/1/Fronteiras_da_ficcao.pdf>. Acesso em: 22 fev. 2022.

39. Ibid.

40. Carlo Ginzburg, op. cit., p. 40.

3. POR ONDE COMEÇAR A PESQUISA? [pp. 77-92]

1. Umberto Eco, *Como se faz uma tese em ciências humanas*. Lisboa: Editorial Presença, 1977, p. 77.

2. Carlo Ginzburg, *O fio e os rastros*. São Paulo: Companhia das Letras, 2007, p. 295.

3. Ian Kershaw, *Hitler*. São Paulo: Companhia das Letras, 2010, p. 19.

4. Leon Edel, "The Figure under the Carpet", em Stephen B. Oates (Org.), *Biography as High Adventure*. Massachusetts: Massachusetts University Press, 1986, p. 23.

5. Marc Bloch, *História e historiadores*. Lisboa: Teorema, 1998, p. 23.

6. Italo Calvino, *Seis propostas para o próximo milênio*. São Paulo: Companhia das Letras, 1990.

7. Carlo Ginzburg, op. cit., p. 286.

8. Jean Orieux, "A arte do biógrafo", em Georges Duby, *História e nova história*. Lisboa: Teorema, [s.d.], pp. 35-6.

9. Cf. Leonor Arfuch, *O espaço biográfico: Dilemas da subjetividade contemporânea*. Rio de Janeiro: Eduerj, 2010.

10. Michelle Perrot (Org.), *História da vida privada: Da Revolução Francesa à Primeira Guerra*. São Paulo: Companhia das Letras, 1991. v. 4.

11. Peter Gay, *O coração desvelado*. São Paulo: Companhia das Letras, 1999, pp. 121-2.

12. Apud François Dosse, *O desafio biográfico*. São Paulo: Edusp, 2009, p. 61.

13. Lira Neto, *Padre Cícero: Poder, fé e guerra no sertão*. São Paulo: Companhia das Letras, 2008, p. 148.

14. Id., *Maysa: Só numa multidão de amores*. São Paulo: Companhia das Letras, 2017, p. 239.

15. Verena Alberti, "Fontes orais: histórias dentro da história", em Carla Bassanezi Pinsky (Org.), *Fontes históricas*. 2. ed. São Paulo: Contexto, 2008, p. 179.

16. William Zinsser, *Como escrever bem: O clássico manual americano de escrita jornalística e de não ficção*. São Paulo: Fósforo, 2021.

17. Paul Veyne, *Como se escreve a história* e *Foucault revoluciona a história*. 4. ed. Brasília: UnB, 1998, p. 18.

18. Oliver Sacks, *O rio da consciência*. São Paulo: Companhia das Letras, 2017.

19. David Lowenthal, "Como conhecemos o passado". *Projeto história: Trabalhos da memória*, São Paulo, v. 17, p. 81, 1998.

20. Ibid., pp. 97 e 103.

21. Rachel Aviv, "Lembranças de um crime", em Felipe Damorim (Org.), *Os piores crimes da revista New Yorker: Oito grandes reportagens sobre crimes da melhor revista jornalística do mundo*. Santo André: Rua do Sabão, 2021. E-book.

22. "Daniel Roche, em Maria Lúcia Garcia Pallares-Burke, *As muitas faces da história: Nove entrevistas*. São Paulo: Unesp, 2001, p. 180.

4. SENSO DE DETETIVE, OLHAR DE ANTROPÓLOGO, ESPÍRITO DE ARQUEÓLOGO [pp. 93-105]

1. Paul Veyne, *Como se escreve a história* e *Foucault revoluciona a história*. 4. ed. Brasília: UnB, 1998, p. 21.

2. Júnia Ferreira Furtado, "Testamentos e inventários: A morte como testemunho da vida", em Carla Bassanezi Pinsky (Org.), *Fontes históricas*. 2. ed. São Paulo: Contexto, 2008, pp. 93-118.

3. Lucas Figueiredo, *O Tiradentes: Uma biografia de Joaquim José da Silva Xavier*. São Paulo: Companhia das Letras, 2018.

4. André Maurois, *Voltaire: Aspects de la biographie*. Paris: Grasset, 2005.

5. Sidney Lee, *Principles of Biography: The Leslie Stephen Lecture*, 1911. Cambridge: Cambridge University Press, 2014, p. 41.

6. Maria Clementina Pereira Cunha, *Não tá sopa: Sambas e sambistas no Rio de Janeiro, de 1890 a 1930*. São Paulo: Editora Unicamp, 2015. E-book.

7. Carlo Ginzburg, *O fio e os rastros*. São Paulo: Companhia das Letras, 2007, p. 283.

8. Ibid., p. 287.

9. Ibid., pp. 280-1.

10. R. G. Collingwood, *A ideia de história*. Lisboa: Editorial Presença, 2000, pp. 287-306.

11. Ibid.

12. André Maurois, op. cit.

13. François Dosse, *O desafio biográfico*. São Paulo: Edusp, 2009, p. 25.

14. Ibid., p. 300.

15. Georges Duby, *A história continua*. Rio de Janeiro: Zahar, 1993, pp. 38-40.

16. Cf. Peter Burke, *Testemunha ocular: O uso da imagem como evidência histórica*. São Paulo: Editora Unesp, 2017.

17. Virginia Woolf, "A arte da biografia". *Dispositiva*, Belo Horizonte, n. 2 p. 207, 2012.

18. Georges Duby, *O domingo de Bouvines: 27 de julho de 1214*. São Paulo: Paz e Terra, 1993, p. 59.

19. Evaldo Cabral de Mello, *O nome e o sangue*. São Paulo: Companhia das Letras, 2009, p. 24.

5. O LEITOR NÃO PODE COCHILAR [pp. 107-20]

1. William Zinsser, *Como escrever bem: O clássico manual americano de escrita jornalística e de não ficção*. São Paulo: Fósforo, 2021, p. 18.

2. Fernando Morais, *Chatô: O rei do Brasil*. São Paulo: Companhia das Letras, 1997, p. 13.

3. Norman Mailer, *A luta*. São Paulo: Companhia das Letras, 2011, p. 8.

4. Gabriel García Márquez, *Notícias de um sequestro*. Rio de Janeiro: Record, 2001.

5. Stephen King, *Sobre a escrita*. Rio de Janeiro: Suma, 2015.

6. Goodreads, "What Makes You Put Down a Book?". Disponível em: <https://www.goodreads.com/blog/show/424-what-makes-you-put-down-a-book>. Acesso em: 19 abr. 2022.

7. Ibid.

8. Ibid.

9. Luiz Antonio de Assis Brasil, *Escrever ficção*. São Paulo: Companhia das Letras, 2019, p. 453.

10. Ibid., p. 432.

11. Lira Neto, *Arrancados da terra*. São Paulo: Companhia das Letras, p. 13.

12. Id., *Padre Cícero: Poder, fé e guerra no sertão*. São Paulo: Companhia das Letras, 2021, p. 11.

13. Ibid.

14. Ibid., p. 19.

15. Italo Calvino, *Seis propostas para o próximo milênio*. São Paulo: Companhia das Letras, 1990, p. 39.

16. Lira Neto, *Getúlio (1882-1930): Dos anos de formação à conquista do poder*, p. 13.

17. "Asas gloriosas da Itália nova". *Correio da Manhã*, 16 jan. 1931, p. 1.

18. Roland Barthes, "O efeito de real", em *O rumor da língua*. São Paulo: Martins Fontes, 2004, pp. 181-90.

19. Conforme tradução de Sergio Flaksman em Gustave Flaubert, *Um coração simples*. São Paulo: Grua, 2015.

20. Carlo Ginzburg, *O fio e os rastros*. São Paulo: Companhia das Letras, 2007, p. 21.

21. Evaldo Cabral de Mello (Org.), *O Brasil holandês*. São Paulo: Penguin--Companhia, 2010, p. 23.

22. Italo Calvino, op. cit., p. 94.

23. William Zinsser, op. cit., p. 72.

24. Ibid.

25. Apud Luiz Antonio de Assis Brasil, op. cit., p. 195.

26. Umberto Eco, *Confissões de um jovem romancista*. São Paulo: Cosac Naify, 2013, p. 16.

27. John Hersey, *Hiroshima*. São Paulo: Companhia das Letras, 2002, p. 9.

28. Luiz Fernando Mercadante, *20 perfis e uma entrevista*. São Paulo: Siciliano, 1994, p. 44.

29. Joaquim Ferreira dos Santos, *Enquanto houver champanhe, há esperança: Uma biografia de Zózimo Barrozo do Amaral*. Rio de Janeiro: Intrínseca, 2016, p. 36.

30. Elias Lipiner, *Izaque de Castro: O mancebo que veio preso do Brasil*. Recife: Fundação Joaquim Nabuco; Massangana, 1992, p. 222.

31. Umberto Eco, *Seis passeios nos bosques da ficção*. Lisboa: Gradiva, 2019, p. 87.

6. "A NARRATIVA É UM CAVALO" — E O NARRADOR TEM AS RÉDEAS [pp. 121-36]

1. Paul Veyne, *Como se escreve a história e Foucault revoluciona a história*. 4. ed. Brasília: UnB, 1998, p. 27.

2. O exemplo de Fielding é sugerido por Carlo Ginzburg em *O fio e os rastros* (São Paulo: Companhia das Letras, 2007, pp. 321-6).

3. Lira Neto, *Padre Cícero: Poder, fé e guerra no sertão*. São Paulo: Companhia das Letras, 2009, pp. 483-4.

4. Ibid., p. 409.

5. Italo Calvino, *Seis propostas para o próximo milênio*. São Paulo: Companhia das Letras, 1990, p. 44.

6. Ibid., p. 50.

7. Umberto Eco, *Seis passeios nos bosques da ficção*. Lisboa: Gradiva, 2019, p. 53.

8. Stephen B. Oates (Org.), *Biography as High Adventure*. Massachusetts: Massachusetts University Press, 1986, p. XI.

9. William Zinsser, *Como escrever bem: O clássico manual americano de escrita jornalística e de não ficção*. São Paulo: Fósforo, 2021, p. 232.

10. Lira Neto, *Getúlio (1930-1945): Do Governo Provisório à ditadura do Estado Novo*. São Paulo: Companhia das Letras, 2013, p. 405.

11. Id., *Padre Cícero: Poder, fé e guerra no sertão*. São Paulo: Companhia das Letras, 2009, p. 365.

12. François Dosse, *O desafio biográfico*. São Paulo: Edusp, 2009, p. 56.

13. André Maurois, *Voltaire: Aspects de la biographie*. Paris: Grasset, 2005.

14. Lira Neto, *Padre Cícero: Poder, fé e guerra no sertão*. São Paulo: Companhia das Letras, 2009, p. 197.

15. Id., *Getúlio (1930-1945): Do Governo Provisório à ditadura do Estado Novo*. São Paulo: Companhia das Letras, 2013, p. 97.

16. Id., *Arrancados da terra*. São Paulo: Companhia das Letras, 2021, p. 139.

17. Paul Murray Kendall, "Walking the Boundaries". In: OATES, Stephen B. *Biography as High Adventure: Life-Writers Speak on Their Art*, p. XII.

18. Jean Strouse apud Stephen B. Oates, op. cit., p. IX.

19. Gérard Genette, *Paratextos editoriais*. Cotia: Ateliê, 2009.

20. Apud Gérard Genette, ibid., p. 10.

21. Lira Neto, *Castello: A marcha para a ditadura*. São Paulo: Companhia das Letras, 2019, p. 12.

22. Id., *Maysa: Só numa multidão de amores*. São Paulo: Companhia das Letras, 2017, p. 7.

23. Id., *Uma história do samba: As origens*. São Paulo: Companhia das Letras, p. 7.

24. Umberto Eco, *Confissões de um jovem romancista*. São Paulo: Cosac Naify, 2013, p. 26.

25. Ibid.

26. Bill Kovach e Tom Rosenstiel, *Os elementos do jornalismo*. São Paulo: Geração, 2004, pp. 126-7. Para a necessidade da transparência na escrita biográ-

fica, cf. o capítulo 5 de *Biografismo*, de Sergio Vilas-Boas (2. ed. São Paulo: Unesp, 2014).

27. Natalie Zemon Davis, *O retorno de Martin Guerre*. São Paulo: Paz e Terra, 1987, p. 21.

28. Carlo Ginzburg, *O fio e os rastros*. São Paulo: Companhia das Letras, 2007, p. 315.

29. Natalie Zemon Davis, op. cit., p. 34.

30. Ibid., p. 37.

31. Carlo Ginzburg, op. cit., p. 335.

32. Lucas Figueiredo, *O Tiradentes: Uma biografia de Joaquim José da Silva Xavier*. São Paulo: Companhia das Letras, 2018.

33. Lira Neto, *Arrancados da terra*. São Paulo: Companhia das Letras, 2021, p. 55.

34. Id., *Getúlio (1945-1954): Da volta pela consagração popular ao suicídio*. São Paulo: Companhia das Letras, 2014, p. 344.

7. QUAIS OS LIMITES ÉTICOS DO BIÓGRAFO? [pp. 137-53]

1. Janet Malcolm, *A mulher calada: Sylvia Plath, Ted Hughes e os limites da biografia*. São Paulo: Companhia das Letras, 2012, p. 16.

2. Ibid., pp. 16-7.

3. Ibid.

4. Gay Talese, *O reino e o poder: Uma história do New York Times*. São Paulo: Companhia das Letras, 2000, p. 13.

5. Alberto Dines, *Morte no paraíso: A tragédia de Stefan Zweig*. Rio de Janeiro: Rocco, 2012, p. 11.

6. Virginia Woolf, "A arte da biografia". *Dispositiva*, Belo Horizonte, n. 2, 2012, p. 205.

7. Ibid., p. 202.

8. Apud Phillippe Levillain, "Os protagonistas: da biografia", em René Remónd, *Por uma história política*. Rio de Janeiro: FGV, 2003, p. 153.

9. Apud Humphrey Carpenter, em *W. H. Auden: A Biography*. Londres: Faber & Faber, 2011.

10. Apud Sidney Lee, *Principles of Biography: The Leslie Stephen Lecture, 1911*. Cambridge: Cambridge University Press, 2014, p. 21.

11. Sidney Lee, op. cit., p. 22.

12. Ibid., pp. 25-6.

13. Ibid., p. 22.

14. Ibid., p. 23.

15. Leon Edel, "The Figure under the Carpet". In: OATES, Stephen B. (Org.), *Biography as High Adventure*. Massachusetts: Massachusetts University Press, 1986, pp. 18-31.

16. Ibid., p. 28.

17. Ibid., p. 31.

18. Ibid., p. 30.

19. Ian Kershaw, *Hitler*. São Paulo: Companhia das Letras, 2010.

20. Apud François Dosse, *O desafio biográfico*. São Paulo, Edusp, 2009, p. 38.

21. André Maurois, *Voltaire: Aspects de la biographie*. Paris: Grasset, 2005.

22. Marc Bloch, *Apologia da história ou o ofício do historiador*. Rio de Janeiro: Jorge Zahar, 2001, p. 125.

23. Ibid., p. 128.

24. François Dosse, op. cit., p. 14.

25. Claudio Abramo, *A regra do jogo*. São Paulo: Companhia das Letras, 1988, p. 109.

26. Jean Orieux, "A arte do biógrafo", em George Duby et al., *História e história nova*, p. 41.

27. Gabriel García Márquez, *Como contar um conto*. Rio de Janeiro: Casa Jorge, 2004, p. 26.

28. Umberto Eco, *Confissões de um jovem romancista*. São Paulo: Cosac Naify, 2013, p. 29.

29. Paul Zumthor, *Escritura e nomadismo*. São Paulo: Ateliê, 2005, pp. 56-7.

30. François Dosse, op. cit., p. 14.

31. Evaldo Cabral de Mello, *O nome e o sangue*. São Paulo: Companhia das Letras, 2019, p. 16.

32. Ibid.

33. Keith Jenkins, *A história repensada*. São Paulo: Contexto, 2001, pp. 31-2.

34. Jean Lacouture, *Profession biographe*. Paris: Hachette, 2003, p. 193. Apud François Dosse, op. cit., p. 121.

35. Apud Leon Edel, op. cit., p. 19.

36. Ibid.

37. Paul Murray Kendall, "Walking the Boundaries". In: OATES, Stephen B. *Biography as High Adventure: Life-Writers Speak on Their Art*, p. IX.

38. François Dosse, op. cit., p. 11.

39. Alberto Dines, op. cit., p. 24.

40. Ibid., p. 12.

Índice remissivo

abandono de leituras, taxas de, 110

Abramo, Claudio, 147

Academia Francesa, 56

acervos digitais e facilidades para pesquisas, 82

Ackroyd, Peter, 140

Actes de la Recherche en Sciences Sociales (revista), 70

afrodescendentes, marginalização social dos, 37, 68, 97

Agesilau, 43

Ahuramazda (divindade persa), 42

Akutagawa, Ryunosuke, 84

Alcibíades (estrategista grego), 46

Aleijadinho (Antônio Francisco Lisboa), 134

Alemanha, 34, 79, 125

Alencar, José de, 11, 20-5, 61, 79

Alexandre, o Grande (imperador helenístico), 45

Alexandrino, padre, 127

Alfredo (rei anglo-saxão), 48

alteridade com o biografado, relação de, 144-5

Amaral, Zózimo Barrozo do, 119

Amsterdam, 103-4, 135

Annales d'historie économique et sociale (revista), 56; *ver também* Escola dos Annales (movimento historiográfico francês)

Antiguidade Clássica, 44, 47, 50, 139

antropologia, 59, 99-100

Antunes, António Lobo, 72

aporia, biografia como, 153

Araújo, Maria de (beata cearense), 30, 122, 131

Arcoverde, cardeal, 87

Argentina, 34

Ariès, Philippe, 85

Arnaud, Claude, 34

arqueólogo, biógrafo como, 100

arquivos, 15, 22, 28, 34, 37, 46, 85, 92-3, 112, 135, 138, 143

Arrancados da terra (Lira Neto), 38, 66, 98, 104, 111, 119, 128, 131, 135
"Art of Biography, The" (Woolf), 39
"artista sob juramento", biógrafo como (segundo MacCarthy), 75
Aspectos da biografia (Maurois), 56, 101
Asser (monge galês), 48
Assis, Machado de, 19, 126
Assis Brasil, Luiz Antonio de, 110
Auden, W. H., 140
Augias, Corrado, 140
Augusto, César (imperador romano), 51
Aulete, Caldas, 53
autobiografia, 41, 72, 85
Autran, Paulo, 118
Aviv, Rachel, 92
Aymée (amante de Getúlio Vargas), 147

Babilônia, 41
Bakhtin, Mikhail, 84
Balbo, Italo, 114-5
Balzac, Honoré de, 56
Barbosa, Rui, 17
Barthes, Roland, 115-6
Bartolomeu, Floro, 18
Batista, Cícero Romão *ver* Padre Cícero
Beatrice (Nebraska, EUA), 91
Beckett, Samuel, 19
Behistun, monte (Pérsia, atual Irã), 41
Benjamin, Walter, 37
Bento XVI, papa, 29, 112
Berlin, Isaiah, 67
bibliografias básicas, levantamentos de, 77-8, 81
Biblioteca Nacional (Rio de Janeiro), 82

biografias definitivas, impossibilidade de, 153
biografias modernas, primeira das (séc. XVIII), 53
biografias não autorizadas, liberação das, 34-5
biógrafo e historiador, distinção entre (segundo Sidney Lee), 59
Biographie, La (Madelénat), 86
Biography as High Adventure (Oates), 124
Bloch, Marc, 56, 83, 145
Bluteau, Rafael, padre, 52
Boccaccio, Giovanni, 52
Bonifácio, José, 17
Boswell, James, 53-4
Bottini, Ettore, 21
Boucicaut (Jean Le Meingre, cavaleiro francês), 50-1
Bourdieu, Pierre, 70-2
Bouvines, batalha de (França, 1214), 58
Braudel, Fernand, 56
Byron, Lord, 56, 140-1

Calado, Manoel, frei, 131
Calígula, Caio César (imperador romano), 46-7
Calvino, Italo, 83-4, 113, 116, 119-20, 123-4
Campos, Álvaro de (heterônimo de Fernando Pessoa), 63
Campos, Marcelo, 94-5
Campos, Siqueira, 17
Capote, Truman, 107
caricaturas, 21, 30, 82, 141
Carlos Magno (rei dos francos), 48-9
Carlyle, Thomas, 54
Cármen Lúcia (ministra do STF), 35
Carneiro, Glauco, 17

Carpenter, Humphrey, 140
Carr, Edward Hallett, 66
cartas de biografados, 85-6
cartório, registros de, 94-6, 122
Carvalho, Gilmar de, 38
Casanovas, Freitas, 128
Casimiro, Renato, 28
Castello Branco, Antonieta, 143
Castello Branco, Argentina Vianna, 143
Castello Branco, Humberto de Alencar, 19, 35, 61, 63, 78-9, 86-7, 129, 144, 149-50
Castello: A marcha para a ditadura (Lira Neto), 19-20, 86-7, 129-30, 143, 150
Castracani, Castruccio (duque de Lucca), 52
Castro, Izaque de, 119-20
Castro, Ruy, 17, 28, 61, 148
Catarina de Médici (rainha consorte da França), 84
catolicismo popular, 146
cavaleirescas, biografias, 50
Cavalheiro, Edgard, 17
Cavendish, William, 69
Centro de Pesquisa e Documentação de História Contemporânea do Brasil (CPDOC, Fundação Getulio Vargas), 34
Certeau, Michel de, 57
Cesânia (esposa de Tibério), 47
César, Júlio, 45, 51
Chateaubriand, Assis, 17, 108
Chateaubriand, Teresa, 108
Chatô: O rei do Brasil (Morais), 17, 108
Chipre, ilha de, 43
Ciano, Galeazzo, 125
ciências sociais, 55, 66

Cílax, 42
Címon (general grego), 44
Clay, Cassius, 108
Cleópatra, 52
Cocteau, Jean, 34
Coimbra, 38
Collingwood, R. G., 99-100
"Como conhecemos o passado" (Lowenthal), 91
Como se escreve a história (Veyne), 121
Companhia das Índias Ocidentais, 131
Companhia das Letras, 17, 19, 24, 31-2, 36, 38
Conferência Nacional dos Bispos do Brasil (CNBB), 29, 112
Congregação para a Doutrina da Fé (Vaticano), 28
contexto do biografado, biografia do, 66-9
Contexto (editora), 19
Contigo (revista), 25, 31
Conway, Kellyanne, 75
Coração simples, Um (Flaubert), 115
Coras, Jean de, 133
Correio da Manhã (jornal), 115
corte narrativo, sinais gráficos para indicar, 124-5
Cristo *ver* Jesus Cristo
Cruzadas (Idade Média), 50
Cultura das aparências, A (Roche), 92
cuneiforme, escrita, 42
Cunha, Maria Clementina Pereira, 97

Da roda ao auditório: Uma transformação do samba pela Rádio Nacional (dissertação de mestrado de Lira Neto), 38

"Dama de Vermelho" (Alzira Prestes), 96, 97
Dante Alighieri, 52, 54
Dario (rei da Pérsia), 41-2
Davis, Natalie Zemon, 59, 133-4
De claris mulieribus (Boccaccio), 52
De Gaulle, Charles, 151
De viris illustribus (Petrarca), 51
Decamerão (Boccaccio), 52
Deleuze, Gilles, 57
demonstratio (conceito clássico), 116
Depardieu, Gérard, 59
Departamento Histórico Diocesano do Crato (Ceará), 86
Desafio biográfico, O (Dosse), 33, 126
"Desde que o samba é samba" (canção), 130
desistência de leituras, taxas de, 110
"detetive", biografia como trabalho de (segundo Collingwood), 99-100
detratores do gênero biográfico, 70
Deutscher, Isaac, 57
Dia dos Mil Mortos (Fortaleza, 1994), 14-5
Diário do Nordeste (jornal), 16
Diário Oficial da União, 96
Diários Associados, 17
Diccionario contemporaneo da lingua portugueza (Caldas Aulete), 53
Diccionario da lingua portugueza (Silva), 52
Dicionário da língua inglesa (Johnson), 53
Dicionário de máximas, adágios e provérbios (Hespanha), 128
dicionários europeus, termo "biografia" nos (séc. XVII-XVIII), 52-3
Dines, Alberto, 17, 139, 152
Diniz, Leila, 24

Directorium inquisitorum (manual dos inquisidores), 131
direita política, 150
discurso indireto livre, 127
ditadura militar (1964-85), 13, 79, 130, 145
Dom Casmurro (Machado de Assis), 126
Donne, John, 66
Dosse, François, 33, 57, 74, 101, 126, 145, 151-2
Dostoiévski, Fiódor, 19, 84
Duby, Georges, 58-9, 64, 85, 101, 104, 151
Dulles, John Watson Foster, 87
Dummar, Demócrito, 11-2, 20, 27, 153
Durkheim, Émile, 55

Eco, Umberto, 78, 101, 117, 120, 123-4, 131, 149
Edel, Leon, 57, 79, 93, 142-3
"efeito de real" (conceito de Barthes), 115-6
Eginhardo (diplomata carolíngio), 48
Eliot, T. S., 140
Ellmann, Richard, 57
Em busca do tempo perdido (Proust), 103, 110-1
Eminent Victorians (Strachey), 63
Empédocles, 42
enargeia (conceito clássico), 116
"encômios" (discursos funerários), 43
entrevistas para biografias, 18, 20, 34, 54, 71, 87-90, 92, 103
Epaminondas (general grego), 44
epígrafes, 129-31
Esboço de autoanálise (Bourdieu), 71-2
escassez documental sobre grupos

180

socialmente inviabilizados, 37, 97-8

Escola de Comando e Estado-Maior do Exército (Eceme), 143-4

Escola dos Annales (movimento historiográfico francês), 56, 58, 75

Escrever ficção (Assis Brasil), 111

escrita histórica *ver* historiografia; historiadores

"escritas de si" (gêneros discursivos em primeira pessoa), 85-7

escritores, biografias de, 140

Esparta (Grécia Antiga), 43

esquerda política, 150

Estado Novo (1937-45), 35-6, 70, 142

Estados nacionais, formação dos, 51

Estados Unidos, 34, 89, 91

estilo acadêmico, 22-3, 38, 149

"Estranho mundo feliz" (canção), 130

estruturalismo, 58

ética do biógrafo, 137-53

ética jornalística, 147

"euforia da ignorância" (conceito de Ginzburg), 62, 78

Europa, 30, 49, 52, 79, 130

Evágoras (rei do Chipre), 43

Excellentium imperatorum vitae (Cornélio Nepos), 44

Êxodo, Livro do, 131

expressividade visual, 115-6, 118-20

expressões regionais, uso de, 127

fabliau (gênero satírico popularesco), 50

fade in e *fade out* (na da linguagem cinematográfica), 124

fake news, 75

falsas memórias, casos de, 91-2

"farsa" da biografia (segundo detratores do gênero biográfico), 70

fascismo italiano, 114, 125

"fatos alternativos", 75

Febvre, Lucien, 56, 151

Feijó, Diogo Antônio, 17

Ferreira, Jerusa Pires, 38-9

Ferroni, Marcelo, 24

feudalismo (sistema feudal), 50-1

ficção *ver* literatura; romance

Fielding, Henry, 121

Figueiredo, Lucas, 93-4, 134-5

Firth, Charles, 69

Fitzgerald, F. Scott, 117

Flamengo, praia do (Rio de Janeiro), 114

flashbacks e flashforwards em biografias, 81, 111

Flaubert, Gustave, 115-6

Folha de S.Paulo (jornal), 35

fontes fidedignas, explicitação de, 136

fontes historiográficas, 75-6

Força Expedicionária Brasileira, 86

Fortaleza (CE), 11, 13-5, 25, 27, 126-7

França, 48, 50, 52, 55-6, 58

Franco, António, 128

Freud, Sigmund, 57, 85

Fry, Roger, 152

Fundação Getulio Vargas, 34

Furtado, Joaci Pereira, 24

Gales, 48

Gália (província romana, atual França), 48

Gallimard (editora), 145

Galvão, Patrícia (Pagu), 24

García Márquez, Gabriel, 108, 149

Garnier (editora), 79

Gautama (mago persa), 42

Gay, Peter, 85, 121

gênero menor e simplista, biografia como (séc. XIX), 56-7

Genette, Gérard, 129

Gênova (Itália), 49

Getúlio (1882-1930): Dos anos de formação à conquista do poder (Lira Neto), 35-6, 38, 86, 97, 113, 121, 127, 130-1, 135, 141, 147, 150

Getúlio (1930-1945): Do Governo Provisório à ditadura do Estado Novo (Lira Neto), 35-6, 38, 86, 97, 113, 127, 131, 135, 147, 150

Getúlio (1945-1954): Da volta pela consagração popular ao suicídio (Lira Neto), 35-6, 38, 86, 97, 113, 125, 127, 131, 135, 147, 150

Ginzburg, Carlo, 37, 59, 62, 65, 76, 78, 84, 98-9, 116, 133-4

Globo (editora), 24

Globonews, 24

golpe militar (1964), 79

Goodreads (site), 109-10

Goulart, João, 87

Grande sertão: veredas (Guimarães Rosa), 126

Grécia Antiga, 42-4

Gregório de Tours (religioso francês), 48

Guattari, Félix, 57

Guerra do Peloponeso (Atenas-Esparta, 431-404 a.C.), 44

Guerra e paz (Tolstói), 66-7

Guerre, Martin, 59, 132-4

Guilherme Marechal (cavaleiro anglo--normando), 51

Gurgel, d. Newton de Holanda, 30

hagiografias (narrativas da vida de santos), 47-50, 64, 150

Heimskringla (saga islandesa), 48

hemerográfica, pesquisa, 81-2, 85

Heráclides, 42

Heródoto (historiador grego), 42

heróis idealizados, biografia de (séc. XIX), 54-5

Hersey, John, 118

Hespanha, Jayme Rebelo, 128

"heteroglossia" (conceito de Bakhtin), 84, 90

hidroaviões italianos no Brasil, 114

hieróglifos egípcios, 42

Hino Nacional Brasileiro, 130

Hiroshima (Hersey), 118

História da inteligência brasileira (Martins), 21

História da vida privada (ed. Ariès e Duby), 85

História das coisas banais (Roche), 92

História de Tom Jones, A (Fielding), 121

História do samba, Uma (Lira Neto), 36, 38, 65, 66, 97, 130-1

História dos Francos (Gregório de Tours), 48

história e biografia, distinção entre (segundo Lee), 59

"história em camisola de dormir", biografia como (definição de Augias), 140

História noturna: Decifrando o sabá (Ginzburg), 78

História repensada, A (Jenkins), 151

historiadores, 14, 33, 37, 43-5, 48, 55, 57-60, 63-4, 66-9, 74-5, 83-5, 90-3, 97, 99-100, 104, 121, 133, 144-5, 149, 151-2

historiografia, 19, 48, 51, 56-7, 59, 74-5, 99, 116

Hitler, Adolf, 63, 79, 144-5

Ho Chi Minh, 151

Holanda *ver* Países Baixos

Idade Média, 47, 50, 139
Ifá, culto de, 37
Igreja católica, 28-30, 146, 150
"Ilusão biográfica, A" (Bourdieu), 70
"ilusão controlada", operação historiográfica como (segundo Ricœur), 75
imagens do biografado (pesquisa iconográfica), 102-3
imaginação e memória, relação entre, 90-2
"Imaginação histórica, A" (Collingwood), 99
Império do Brasil, 21
Império Persa, 41-2
Império Romano, 46-7
"impossível", biografia como, 72, 152
incompletude como marca do gênero biográfico, 135, 150-1
Inconfidência Mineira (1789), 94
Indiculo Universal (Franco), 128
indígenas assassinados por "Getúlio", caso dos (RS, 1920), 94-6
indivíduo e contexto, conexões entre, 66-9
"Inevitabilidade histórica, A" (Berlin), 67
Inglaterra, 34, 52-4, 56
Inhacorá, aldeamento indígena de (Palmeira das Missões, RS), 95-6
Inimigo do rei: Uma biografia de José de Alencar, O (Lira Neto), 21-4, 33
Inquisição (Santo Ofício), 29, 38, 65-6, 87, 98, 112-3, 120, 128, 135
Instituto Histórico e Geográfico Brasileiro, 17
investigação do passado, trabalho de (segundo Ginzburg), 99
Irã (antiga Pérsia), 41
Islândia, 48

Isócrates, 43
Itália, 34, 49, 52, 59, 65, 125

Jabuti, prêmio, 22
Jacopo de Varazze (arcebispo de Gênova), 49
James Tait Black, prêmio (Inglaterra), 56
James, Henry, 57, 79, 142
Japão, 125
Jean Le Meingre (Boucicaut, cavaleiro francês), 50-1
Jenkins, Keith, 151
Jesus Cristo, 30, 65, 131
Jô Soares Onze e Meia (programa de TV), 16
Joana (papisa lendária), 52
João (biógrafo medieval), 51
Joaquim, d. (bispo cearense), 87
Johnson, Samuel, 53-4
Jones, Ernest, 57
jornalismo/jornalistas, 17-20, 27, 57, 82-3, 87, 132, 138
Joyce, James, 57
Juazeiro do Norte (CE), 29-30, 126-7, 146, 150
judeus, 38-9, 66, 98, 103-4, 111, 119, 128
juízos de valor sobre o biografado (em entrevistas), 88

Kafka, Franz, 19
Kendall, Paul Murray, 61, 75, 90, 129, 152
Kershaw, Ian, 63, 79, 144-5
King, Stephen, 109-10
Kovach, Bill, 132
Kubitscheck, Juscelino, 87
Kurosawa, Akira, 84

La Fontaine, Jean, 84
Lacerda, Carlos, 87, 94, 96
Lacouture, Jean, 151
Ladurie, Emmanuel Le Roy, 58-9
latim, 51, 102
Le Goff, Jacques, 58
Le Sueur, Guillaume, 133
Lee, Sidney, 59, 77, 97, 141
Legenda áurea (Jacopo de Varazze), 49
Lejeune, Philippe, 129
Lemire, Jules-Auguste, padre, 68
Levi, Giovanni, 59, 65, 75
Levillain, Philippe, 33, 41
Liébert, Georges, 145
Life of William Cavendish, The (Firth), 69
limites éticos do biógrafo, 148
Lipiner, Elias, 119-20
Lisboa, 53, 103, 135
literatura, 19, 21, 53, 73, 75, 110-1, 115-6, 123, 126-7, 129, 131
Livro dos feitos de meu bom senhor Jean Le Meingre, conhecido como Boucicaut, O (biografia medieval anônima), 50
Lobato, Monteiro, 17
Londres, 53
Loriga, Sabina, 60, 68
Lowenthal, David, 91
Luís, São, 58
Luís VI (rei da França), 48
Luís XVI (rei da França), 129
Luta, A (Mailer), 108
Lutero, Martinho, 54

MacCarthy, Desmond, 75
Macedônia, 45
macro-históricas, categorias (na historiografia), 60, 64

Madelénat, Daniel, 86
Magalhães Jr., Raimundo, 17, 33
Magritte, René, 72
Mailer, Norman, 108
Malcolm, Janet, 137-8
Maquiavel, Nicolau, 52, 129
Marco Antônio (cônsul romano), 46
Martins, Wilson, 21
Marx, Burle, 25
marxismo, 55, 58
Maurois, André, 56, 73-4, 97, 100, 126, 145
Mayeur, Jean-Marie, 68
Maysa, 24, 27-8, 61, 73, 79, 81, 87, 130, 143, 147, 149
Maysa: Só numa multidão de amores (Lira Neto), 24-5, 27, 87, 130
Meditation XVII (Donne), 66
Mello, Evaldo Cabral de, 104, 116, 151
memórias individuais, seletividade das, 90-2
Menezes, Raimundo de, 33
Mercadante, Luiz Fernando, 118
micro-história, 59
Microhistorie (coleção editorial italiana), 65
"Milagres do povo" (canção), 31
Miséria do mundo, A (Bourdieu), 71
Monjardim, Jayme, 24, 28, 143
Montaillou (França), 58
Morais, Fernando, 17-8, 22, 24, 29, 61, 108
moralismo das biografias da Antiguidade Clássica, 45-6, 53
Morte no paraíso: A tragédia de Stefan Zweig (Dines), 17, 152
Motta, Arthur, 33
Mulher calada, A (Malcolm), 137

Muller, Manuel Bernardes (Maneco), 119

"multiplicidade" de pontos de vista (segundo Calvino), 83-4

Mussolini, Benito, 114, 125-6

Nabuco, Joaquim, 17

Não tá sopa: Sambas e sambistas no Rio de Janeiro (Cunha), 97-8

Napoleão Bonaparte, 54, 90

narrador de ficção versus narrador de biografia, 126-7

nazismo, 63, 79

Nebraska, caso do assassinato em (EUA, 1985), 91-2

Negreiros, Adriana, 16, 19-20, 23, 26-7

negros e negras, marginalização social de, 37, 68, 97

neopentecostalismo, 29, 150

Nepos, Cornélio, 43-4

New York Times, The (jornal), 138

New York Times Book Review, The (suplemento do NYT), 129

New Yorker, The (revista), 92, 129

Nome da rosa, O (Eco), 117, 132

Nora, Pierre, 57

Nordeste do Brasil, 29

Noro, João, 24

notas em biografias, 22

Notícia de um sequestro (García Márquez), 108

Nova York, 38, 111-2

NRF-Biographies (coleção editorial francesa), 145

Núñez, Hernán, 128

Oates, Stephen B., 124

Olga (Morais), 24

oralidade, tom de, 130-1

Orico, Oswaldo, 33

Orieux, Jean, 64, 74, 84, 148

Padaria Espiritual (agremiação literária cearense), 15-6

Padre Cícero, 18, 29-30, 32-3, 61, 86, 98, 112-3, 122, 126, 130, 146, 150

Padre Cícero: Poder, fé e guerra no sertão (Lira Neto), 31-2, 85-7, 112-3, 122, 126-7, 150

Pagu (Patrícia Galvão), 24

Países Baixos, 103-4, 111-2

Palácio do Catete, protocolo do cerimonial do, 115

Palmeira das Missões (RS), 95

panegírico, gênero biográfico como distinto do, 63

Panico, d. Fernando, 29

"paradoxo do sanduíche" (conceito de Firth), 69

"paratextos" (conceito de Genette), 129

Paris, 57, 60, 70, 131

passado, trabalho de investigação do (segundo Ginzburg), 99

"passeio inferencial" (conceito de Eco), 124

Paulo Emílio (militar romano), 45

Pedra da Roseta (hieróglifos egípcios), 42

Pedro I, d., 17

Pedro II, d., 21

Peixoto, Alzira Vargas do Amaral, 86, 96, 127-8, 136

Pelópidas (militar grego), 44

Pêndulo de Foucault, O (Eco), 132

Perrot, Michelle, 85-6

Perry, Thomas Sergeant, 152

Pérsia, 41

personagens consistentes, 117

personalidade do biografado, transmissão da, 141

pesquisa biográfica, 77-92

Pessoa, Fernando, 63

Petrarca, Francesco, 51-2

Pinheiro, Zé, 123

Plath, Sylvia, 137

Plutarco, 44-6, 119

Poder e a peste: A vida de Rodolfo Teófilo, O (Lira Neto), 16

"Poema em linha reta" (Álvaro de Campos/Fernando Pessoa), 63

poetas anglo-americanos, 140

Ponte, Sebastião Rogério, 14

Porto Alegre (RS), 96

Porto, Universidade do, 39

Portugal, 38, 52, 103, 111

Povo, O (jornal), 11, 13

Praça de São Pedro (Vaticano), 112

Prestes, Alzira ("Dama de Vermelho"), 96-7

prestígio contemporâneo das biografias, 129

primeira pessoa, gêneros discursivos em, 85-7

Príncipe, O (Maquiavel), 52, 129

Principles of Biography (Lee), 59

Proust, Marcel, 103, 110-1

Provérbios e frases proverbiais do século XVII (Casanovas), 128

Prüffer, Kurt, 125

PUC-SP (Pontifícia Universidade Católica de São Paulo), 38

Queijo e os vermes, O (Ginzburg), 64-5

Queirós, Eça de, 78

questionamentos básicos para um biógrafo, 78-9

Ramos, Graciliano, 19

Rashomon (filme japonês), 84

Ratzinger, Joseph, 28-9, 112

reabilitação do gênero biográfico (séc. XX), 58, 60

Realidade (revista), 118

Rede Globo, 24-5, 28

Refrões e provérbios em romance (Núñez), 128

Regra da Transparência, 132, 134

Reino e o poder, O (Talese), 138

Renascimento, 51, 139

Renascimento do acontecimento (Dosse), 57

"repovoar o passado" como tarefa da biografia, 60

"Resposta" (canção), 130

"Ressurgimento da narrativa, O" (Stone), 58

Retorno de Martin Guerre, O (Davis), 59, 132-4

"retratos escritos", 118-20

revisão bibliográfica, 77-8

Revolução de 30, 114

Ricœur, Paul, 57, 75

Rio da consciência, O (Sacks), 90

Rio de Janeiro, 16, 25, 37, 61, 68, 81-2, 97-8, 125, 138, 143

ritmo da narrativa, 121-36

Roche, Daniel, 92

Rodrigues, Filipa, 66, 119, 135

Rodrigues, Gaspar, 66, 119, 135

Roma Antiga, 43-4, 46

romance clássico, implosão do, 129

"romance real", biografia como (segundo Veyne), 74

"Romaria e conciliação" (carta pastoral de d. Fernando Panico), 29

romarias católicas no Nordeste, 29-30, 146

Rosa, Guimarães, 19, 126
Rosenstiel, Tom, 132
Rossi, Edson, 26
Rousseau, Jean-Jacques, 54

Sacks, Oliver, 90
Safo de Lesbos (poeta grega), 52
sagas nórdicas, 48
Saint-Denis (França), 48
samba, 36-8, 65-6, 68, 97, 130
Santo Ofício *ver* Inquisição
santos, biografias de *ver* hagiografias
Santos, Joaquim Ferreira dos, 119
São Borja (RS), 70, 86, 95, 102
São Paulo, 16, 25, 27, 31, 38
Saramago, José, 71
Savage, Richard, 53-4
Savoia Marchetti S-55 A (hidroaviões italianos), 114
Schmidt, Benito Bisso, 69
Schwarcz, Luiz, 31-3
sefarditas, judeus, 38-9, 66, 98, 103, 111
Segunda Guerra Mundial, 86, 125, 130
Seis propostas para o próximo milênio (Calvino), 83
Semana de Arte Moderna (1922), 15
semiótica, 19, 38
sensorial, apelo (na escrita biográfica), 103-4, 108-9, 115
Sertanejo, O (Alencar), 20
Shakespeare, William, 53, 119
Silano (sogro de Tibério), 47
Silva, Antonio de Moraes, 52
Simas, Luiz Antônio, 37
Simiand, François, 55
Soares, Alfredo de Carvalho, 96
Soares, Jô, 16, 103
sociologia, 55

Sócrates, 43
Soeira, Antônia, 135
Sousa, Otávio Tarquínio de, 17
Sousa, Leal de, 70-1
Stone, Lawrence, 58
Strachey, Lytton, 56, 63
Strouse, Jean, 129
Sturluson, Snorri, 48
Suetônio, 46-7, 119
Suger, abade, 48
Supremo Tribunal Federal (STF), 35

Talese, Gay, 18, 138
Talleyrand, Charles-Maurice de, 84
Tanimoto, Kiyoshi, 118
Tchékhov, Anton, 115
Teffé, Nair de, 24
tempo da história, ritmo do, 121-36
temporal, deslocamento (flashbacks e flashforwards em biografias), 81, 111
Tennyson, Alfred, 140-1
Teófilo, Rodolfo, 14-6, 18, 61, 79
Theatro José de Alencar (Fortaleza), 25
Thesouro da língua portuguesa (Frei Domingos Vieira), 128
Tibério (imperador romano), 47
Tiradentes (Joaquim José da Silva Xavier), 93-4, 134
Toca do Baiacu (bar carioca), 37
Tolstói, Leon, 66-7
Torre do Tombo (Lisboa), 38
Trajano (imperador romano), 51
transgressivo, biografia como gênero, 139
"Tristeza de nós dois" (canção), 130
Trótski, Leon, 57
Trump, Donald, 75
Twain, Mark, 72

Ubirajara (Alencar), 20
Última esperança da Terra, A (filme),
  27
última frase de cada parágrafo, cuidados com, 117
Uruguai, 34

Valoroso Lucideno, O (Calado), 131
vanguardas literárias (séc. XX), 129
Vargas, Alzira *ver* Peixoto, Alzira Vargas do Amaral
Vargas, Celina, 35
Vargas, Getúlio, 32-3, 36-7, 61, 67-8,
  70-1, 73, 77-8, 81, 94-6, 102, 113,
  115, 122, 128, 141-2, 149-50
Vargas, Getúlio Dornelles de (homônimo do presidente, nascido em 1899), 95-6
Vargas, Lutero, 95, 136
Varíola e vacinação (Teófilo), 14-5
varíola, epidemia de (Fortaleza, 1878), 14-5
Vaticano, 28-9, 112-3, 127; *ver também* Igreja católica
Veloso, Caetano, 31, 130
verbos de ação, 122
Vespasiano (imperador romano), 47, 51
Veyne, Paul, 74, 90, 93, 121
Viana Filho, Luís, 17, 33
Vicência, Angélica, 127
Vida de Alexandre (Plutarco), 44
Vida de Carlos Magno (Eginhardo), 48-9
Vida de Empédocles (Xanto), 42

Vida de Heráclides (Cílax), 42
Vida de Luís VI (abade Suger), 48
Vida de Paulo Emílio (Plutarco), 45
Vida de Richard Savage, A (Jonhson), 53-4
Vida de Samuel Johnson, A (Boswell), 53-4
Vida do rei Alfredo (Asser), 48
Vidas dos doze césares (Suetônio), 46
Vidas dos poetas ingleses mais eminentes (Johnson), 53
Vidas paralelas (Plutarco), 45
Vieira, Frei Domingos, 128
Vila Rica (Ouro Preto, MG), 94, 135
Virgem Maria, 65
Vitória (rainha da Inglaterra), 56
Vocabulario Portuguez e Latino [...] (Bluteau), 52
Voltaire, 56, 64, 84
voyeurismo e biografia, relação entre, 138
vozes narrativas na ficção, 126

Westminster, abadia de (Londres), 139
Wilson, Helen, 91
Woolf, Virginia, 7, 39, 56, 73, 103, 139, 151

Xanto, 42
Xenofonte, 43

Zinsser, William, 89, 108, 117, 124
Zumthor, Paul, 149-50
Zweig, Stefan, 17, 139, 152

ESTA OBRA FOI COMPOSTA EM MINION PELO ESTÚDIO O.L.M. / FLAVIO PERALTA
E IMPRESSA EM OFSETE PELA GEOGRÁFICA SOBRE PAPEL PÓLEN SOFT
DA SUZANO S.A. PARA A EDITORA SCHWARCZ EM NOVEMBRO DE 2022

 A marca FSC® é a garantia de que a madeira utilizada na fabricação do papel deste livro provém de florestas que foram gerenciadas de maneira ambientalmente correta, socialmente justa e economicamente viável, além de outras fontes de origem controlada.